Não sou feliz

Por quê?

Dr. Fernando Lucchese

Não sou feliz

Por quê?

4ª edição

L&PM
EDITORES

Texto de acordo com a nova ortografia.

1ª edição: junho de 2013
4ª edição: novembro de 2013

Capa: Ivan Pinheiro Machado. *Ilustração*: *La Mélancolie*, óleo sobre tela de Louis Lagrenée, 1785, Museu do Louvre
Preparação de original: Jó Saldanha
Revisão: Simone Diefenbach

CIP-Brasil. Catalogação na Fonte
Sindicato Nacional dos Editores de Livros, RJ

L967n

Lucchese, Fernando A. (Fernando Antônio), 1947-
Não sou feliz: por quê? / Fernando Lucchese. – 4. ed. – Porto Alegre, RS: L&PM, 2013.
176 p. ; 21 cm.

ISBN 978-85-254-2889-9

1. Técnicas de autoajuda. 2. Medicina preventiva. 3. Felicidade. I. Título.

13-02071   CDD: 158.1
            CDU: 159.947

© Fernando Lucchese, 2013

Todos os direitos desta edição reservados a L&PM Editores
Rua Comendador Coruja, 314, loja 9 – Floresta – 90220-180
Porto Alegre – RS – Brasil / Fone: 51.3225.5777 – Fax: 51.3221.5380

Pedidos & Depto. comercial: vendas@lpm.com.br
Fale conosco: info@lpm.com.br
www.lpm.com.br

Impresso no Brasil
Primavera de 2013

*Dedico este livro aos infelizes,
pois eles merecem uma oportunidade.*

"A maior felicidade é quando a pessoa sabe por que é infeliz."

F. Dostoiévski

"Não existe um caminho para a felicidade. A felicidade é o caminho".

Gandhi

"Infelizmente só posso comprar o que está à venda, senão há muito tempo que teria comprado um pouco de felicidade."

Jean Paul Getty

SUMÁRIO

Uma nota explicativa absolutamente necessária / 13
Nascemos felizes ou aprendemos a ser felizes? / 17

1. MAS O QUE É ESSA TAL FELICIDADE? / 19
   Como definir felicidade? / 19
   Felicidade é uma sensação, um sentimento que pode ser medido / 19
   Há diferentes tipos de felicidade / 20
   A sensação de felicidade é uma reação neurológica do nosso cérebro / 21
   As pesquisas de opinião apontam com precisão o número de pessoas felizes / 23
   A sensação de felicidade flutua durante o dia / 23
   O que nos faz felizes ou infelizes / 24

2. A FELICIDADE (OU A INFELICIDADE) QUE VEM DE DENTRO DE NÓS / 27
   Fatores pessoais que não parecem afetar a felicidade / 27
   Fatores pessoais que afetam a felicidade / 28
   A felicidade ocorre quando as necessidades pessoais são atendidas / 32
   As perdas pessoais como geradoras de infelicidade / 33
   Ciúme, o vilão da felicidade / 34
   O sucesso do meu vizinho me deixa infeliz / 35
   A síndrome da comparação social – o fator inveja, motivo de sofrimento e infelicidade / 36
   Dinheiro não faz a felicidade. Só facilita a vida / 38

A "doença do muito e do melhor" gera infelicidade / 39
Nossa genética facilita nossa felicidade? / 40
Pode haver felicidade na doença? / 41

3. A FELICIDADE (OU A INFELICIDADE) QUE VEM DE FORA DE NÓS / 43
   As diferenças de felicidade entre as nações / 43
   Depressão entre os países desenvolvidos vem aumentando / 45
   Os terríveis números da depressão / 45
   Suicídio, um alarmante indicador de infelicidade / 47
   Alcoolismo, um sinal de infelicidade entre as nações mais ricas / 47
   Crime, um indicador de infelicidade / 48
   Mortes no trânsito, outro indicador de infelicidade / 49
   O caso do Butão: a Felicidade Interna Bruta / 49
   FIB ou PIB? / 52
   A televisão pode tornar você menos feliz? / 52
   Os vencedores vivem mais / 54

4. A SAÚDE COMO FONTE DE FELICIDADE / 55
   Viver muito ou viver feliz: eis a questão / 56
   Mas o que é estilo de vida? / 58

5. OS "CAMINHOS" PARA A FELICIDADE / 61
   O ser humano ideal é feliz / 61
   É possível tornar-se esse ser humano ideal? / 62
   Existem regras para tornar-se o ser humano ideal? / 63
   A psicanálise da tristeza e do sofrimento / 74
   Os demônios das nossas neuroses / 79
   Fórmulas práticas de eliminação do sofrimento / 81
   Cuidado com a compulsão à repetição / 82

A busca do estado de "não neurose" / 83
Os degraus da mudança / 83
Procure a felicidade dentro de você. E o sofrimento também / 87
Para ser feliz, controle seus pensamentos / 88
Remorso, um inimigo da felicidade / 93
A inquietude, outra fonte de infelicidade / 95
O tempo, esse destruidor: ele pode ser um poderoso inimigo da felicidade / 99
O medo da morte como fonte de infelicidade / 102
Ser exposto à morte pode melhorar sua satisfação de viver / 104
A felicidade está na natureza? / 106
A felicidade está na beleza? / 108

6. INDIVÍDUOS SOLIDÁRIOS SÃO MAIS FELIZES E VIVEM MAIS / 111

Por que não somos solidários? / 113
Cães são solidários / 114
Cães nas UTIs / 116

7. A ESPIRITUALIDADE, FONTE ETERNA DE FELICIDADE / 117

O importante papel da religiosidade e da espiritualidade na busca da felicidade / 119

8. ATITUDES POSITIVAS, FELICIDADE NA CERTA / 123

Felicidade e longevidade andam junto com as atitudes positivas / 124
Ser feliz é um experimento e uma questão de treinamento / 125
Mas qual o caminho para a felicidade? / 126
Existe a pílula da felicidade? / 126

9. ALGUMAS INFORMAÇÕES SOBRE FELICIDADE JÁ CONFIRMADAS PELAS PESQUISAS / 129

10. OS ERROS MAIS COMUNS SOBRE FELICIDADE / 135

11. O HUMOR COMO TERAPIA – A RISOTERAPIA / 143

12. LIÇÕES DE FELICIDADE EM FRASES CURTAS / 147

13. RESUMINDO... / 163
As leis do bem-estar e da felicidade / 163

SOBRE O AUTOR / 173

UMA NOTA EXPLICATIVA ABSOLUTAMENTE NECESSÁRIA

Quantas pessoas têm a coragem de afirmar que são infelizes? Quantas, se pudessem, ao apertar de um botão, mudariam completamente suas vidas?

Este livro foi escrito na tentativa de ajudar a explicar a insistente atitude humana de buscar ser infeliz. O maior inimigo do ser humano é ele mesmo. Através dos séculos e das gerações, a belicosidade, a competitividade, a inveja, a raiva, entre outras atitudes negativas, pautaram o comportamento do ser humano. Na primeira briga com o vizinho da caverna ao lado ficou estabelecido o início desse conflito.

Alguns dizem que a felicidade plena não existe, pois sempre há motivos para sofrimento. Por isso preferem dizer que as pessoas não devem buscar a felicidade, mas devem procurar ser menos infelizes. Outros dizem que a felicidade é intermitente. Vem e vai. Nunca se estabelece ou consolida. Em minha opinião, isso é só um jogo pessimista de palavras. Entretanto, olhando a dura realidade, talvez os pessimistas não estejam tão enganados, porque é imensa a capacidade do cérebro humano de gerar sofrimento. **Eu prefiro encarar o sofrimento como exceção e a felicidade como regra.** Mas o produto final é o mesmo.

Ser menos infeliz é consequentemente ser mais feliz. Prefiro um olhar otimista e cheio de esperança sobre a capacidade do cérebro humano em se transformar e gerar ações positivas. E vencer o sofrimento. Este não é simplesmente mais um livro sobre felicidade ou infelicidade. Aqui buscaremos causas e soluções. Usaremos o conhecimento disponível na literatura científica de múltiplas disciplinas nas últimas duas décadas. Na primeira parte, procuraremos entender o que é essa tal felicidade e quais são os fatores que contribuem favorável ou negativamente para ela. Revisaremos os impulsos internos que nos levam a ser mais ou menos felizes. Na segunda parte, abordaremos os fatores externos, comparando a felicidade entre as nações e as causas que não temos como mudar, pois não dependem exclusivamente de nós. E finalmente entraremos no tema principal, em que defendemos a tese de que saúde e felicidade são a mesma coisa e só um bom estilo de vida nos faz alcançá-las. E procuraremos definir qual é a situação ideal a ser alcançada por todos nós se quisermos ser felizes. Na última parte damos dicas de felicidade baseadas no que já conhecemos das inúmeras pesquisas publicadas nos últimos vinte anos. Estudaremos as causas do sofrimento humano e a forma de aplacá-lo. E seremos pretensiosamente pródigos em sugestões para encurtar o caminho para a felicidade.

Para cada cem artigos sobre tristeza, os jornais publicam um sobre felicidade. Já temos a possibilidade de ler sobre depressão com certa profundidade devido ao grande destaque que se dá ao assunto. O que está faltando é o manual da felicidade. Estudamos bem a doença e pouco a saúde.

Grande parte da literatura atual de autoajuda é dedicada a compor e ensinar a executar projetos de vida em busca da felicidade. Pois neste livro você encontrará o real caminho para a felicidade. Como? Procurando compreender o que nos faz felizes ou infelizes. E exercitando continuamente o pensamento positivo, em substituição ao sofrimento, ao remorso, à inquietude. O hábito de reagir positivamente acaba tornando-se um costume e até uma necessidade.

E nos faz mais felizes.

NASCEMOS FELIZES OU APRENDEMOS A SER FELIZES?

Estas são algumas perguntas que se impõem. Alguns de nós são mais felizes do que outros? Já nascemos felizes? A tristeza é inevitável? Podemos construir nossa felicidade em cima das tristezas que vivemos no passado?

Na infância somos todos só alegrias porque não sabemos ainda reconhecer os motivos para a tristeza.

Essas fotos terríveis que circulam pelos jornais do mundo com crianças brincando no lixo são o exemplo da magia infantil que sabe criar alegrias onde elas não parecem existir.

O olhar da criança dispõe de um filtro poderoso que faz uma caixa de fósforos tornar-se um enorme caminhão e dois paus de picolé cruzados assumirem a forma de um grande avião de passageiros.

O filtro da criança está em seu cérebro, todos nascemos com ele. Depois, ao longo da vida, a dura realidade vai destruindo esse filtro, como uma vidraça atingida em câmera lenta pela pedra de um estilingue.

Alguns de nós nos tornamos peritos em inverter a ação desse filtro e passamos a considerar a vida uma grande tristeza.

Definitivamente, não nascemos tristes. Nascemos felizes e nos tornamos tristes depois. Aprendemos ao longo da vida a cultivar a tristeza e transformá-la em uma forma de viver. Tristeza vira hábito.

Frequentemente, nós, adultos, esquecemos a felicidade natural da criança primitiva e elaboramos uma armadilha para nos apropriarmos da felicidade. Temos a sensação de que, aprisionando a felicidade em nossas mãos, a teremos para todo o sempre.

Engano, puro engano.

A felicidade só existe se ela estiver livre para voar e pousar sobre o galho mais viçoso da árvore. Ela evita galhos secos. Deixa de existir na hora em que a aprisionamos.

A felicidade é um pássaro arisco sensível a pequenos movimentos. Espanta-se facilmente e voa para longe.

Preparar a árvore de nossa vida para receber o pássaro felicidade em galhos viçosos e cheios de vida: essa é a árdua tarefa do dia a dia. Pelo resto de nossas vidas. Mas também é uma ciência a ser aprendida.

O mais impressionante, no entanto, é a facilidade com que aprendemos a ser tristes e o longo caminho que a felicidade nos exige percorrer para encontrá-la.

A sabedoria está em somar nossas tristezas e transformá-las em um degrau para a nossa felicidade.

Vasculhar nossa cabeça em busca do filtro de nossa infância, buscar em cada minuto sua dose de alegria, ver positivamente o mundo e a vida ao nosso redor é o grande objetivo a ser perseguido todos os dias. A isso chamamos "a busca da felicidade".

1
MAS O QUE É ESSA TAL FELICIDADE?

Foi perguntado a 40 mil pessoas qual era seu maior objetivo na vida. Mais de 38 mil afirmaram que era a felicidade. A pergunta seguinte era: "E o que é felicidade para você?". Surpresa! Menos de 1% sabia definir felicidade e o significado pessoal de ser feliz.

COMO DEFINIR FELICIDADE?

Felicidade é sentir-se bem, estar satisfeito com a vida que se leva e querer que essa condição se mantenha. Já infelicidade é um sentimento negativo sempre acompanhado do desejo de que as coisas fossem diferentes. A felicidade começa onde a infelicidade termina.

"Felicitas" é a palavra latina de onde se originou "felicidade". No sentido latino original significa "fértil", "fecundo", "favorável".

FELICIDADE É UMA SENSAÇÃO, UM SENTIMENTO QUE PODE SER MEDIDO

O ser humano, entre toda a criação, é quem melhor sabe expressar os seus sentimentos. Sorrir quando o sentimento é agradável ou ficar sério quando a sensação é negativa só pode ser observado no ser humano. Os cães sacodem a cauda quando estão felizes. Mas nem sempre isso serve como medida de contentamento. Já o ser humano pode quantificar sua felicidade comparando-a com a de outros dias da semana ou até com a de outras pessoas. Segunda-feira, na volta ao trabalho, menos pessoas se sentem felizes. Algumas ficam felicíssimas em se livrar de um mau ambiente em casa e consideram a segunda-feira o melhor dia da semana. Mas todos nós sabemos se estamos mais ou menos felizes. Sentimentos positivos ativam o lado esquerdo do cérebro. Já os negativos agem sobre o lado direito. Com um exame de imagem que se tornou comum nos últimos anos, o PetScan, pode-se medir a intensidade dessas reações. Portanto, estados de humor e variações na sensação de felicidade podem ser medidos. Felicidade é como o ruído. O som pode variar entre o de um violino afinado até o de um bate-estaca. São diferentes sons e diferentes intensidades. Todos os sons podem ser comparados se medirmos os decibéis. **Por isso felicidade e infelicidade são duas pontas do mesmo espectro. O fenômeno é o mesmo.**

HÁ DIFERENTES TIPOS DE FELICIDADE

Alguns pensadores procuraram dividir a felicidade em duas dimensões: quantidade e qualidade. No entanto, até hoje não se conseguiu determinar uma dimensão qualitativa de felicidade. Identificam-se diferentes causas para a felicidade: as que têm efeito duradouro e as que são passageiras. Parece ser certo que pessoas vivam sentimentos diferentes pela valorização que dão às emoções. Por exemplo, alguém que se dedica a construir uma vida com propósitos, estrutura sua família, respeita seus colegas e seus competidores, cultiva valores humanos de qualidade, produz uma felicidade e uma vida satisfatória mais sólidas e por muito mais tempo. Já a satisfação obtida com a vitória do time do coração é passageira, quase efêmera. Um empresário disse-me que a satisfação por realizar um grande negócio dura 24 horas. É o tempo necessário para cair de novo na realidade e fazer render o dinheiro ganho e, com isso, voltar a correr riscos. E comparou sua satisfação com a obtida por um cirurgião. O empresário considera a satisfação do cirurgião mais perene, pois pelo resto da vida aquele paciente beneficiado por sua arte e pelo seu conhecimento será grato. Aristóteles acreditava que o objetivo da vida era a **eudaimonia**, um tipo de felicidade associada com uma conduta virtuosa e uma vida dedicada à reflexão. Foi essa a primeira tentativa de definir um tipo de felicidade e colocá-la como único grande objetivo da vida.

A SENSAÇÃO DE FELICIDADE É UMA REAÇÃO NEUROLÓGICA DO NOSSO CÉREBRO

O progressivo conhecimento das funções cerebrais demonstrou que a atividade no lobo pré-frontal esquerdo está ligada às sensações agradáveis, enquanto o lobo pré-frontal direito parece ser o centro da depressão. Por meio do PetScan e do eletroencefalograma tradicional pode-se localizar a atividade cerebral e suas variações de acordo com o tipo de emoção vivida. Quando há estímulos agradáveis é ativada a região frontal esquerda. Estímulos desagradáveis ativam a mesma região no lado direito. Pessoas com a região pré-frontal esquerda mais ativa descrevem mais emoções positivas e boas memórias. Sorriem mais, são mais agradáveis e parecem mais felizes. Em contraste, os que têm o lado pré-frontal direito mais ativo são mais negativos, sorriem menos e são vistos pelos seus amigos como menos felizes. Os bebês, ao perceberem o gosto doce na boca, têm o lado esquerdo ativado, enquanto o gosto amargo ativa mais o lado direito do cérebro.

A felicidade, portanto, parece já ter um endereço no cérebro humano. É minha impressão que, com o passar dos anos e a ampliação do conhecimento, a felicidade deixará de ser tratada como uma sensação abstrata e terá uma descrição bioquímica compreensível. Já se conhece a serotonina e os derivados da dopamina que são chamados os hormônios do bom humor porque quando faltam a depressão se instala. O sistema imunológico parece funcionar melhor nos que têm o lado pré-frontal esquerdo mais ativo, ou seja, os mais felizes. Seus níveis de cortisol desencadeado pelo stress são mais baixos. E parecem ser menos propensos a infecções virais. Mas estamos tateando a superfície de uma zona negra de conhecimento. Precisamos avançar muito no conhecimento neuroendócrino (dos hormônios cerebrais e neurotransmissores).

AS PESQUISAS DE OPINIÃO APONTAM COM PRECISÃO O NÚMERO DE PESSOAS FELIZES

Nos Estados Unidos, esse tipo de pesquisa já é feito há mais de sessenta anos. E é surpreendente a precisão das respostas. Pergunta: "Levando em consideração todos os aspectos da vida, você diria que se sente 'muito feliz', 'bastante feliz' ou 'não muito feliz'?". A totalidade das pessoas sabe responder em que grau de felicidade se encontra. Não há respostas do tipo "não sei" ou "não entendi". Estes dados são bastante conhecidos. Nos Estados Unidos e Inglaterra, os muito felizes são em torno de 39%, os bastante felizes são 53% e os não muito felizes são 8%. Homens e mulheres respondem igual. E até colegas ou familiares sabem definir o grau de felicidade de quem com eles convive. Em 1996, o jornal *Folha de S.Paulo* realizou uma pesquisa para ver se o brasileiro se julgava feliz. O resultado mostrou que 65% dos entrevistados estavam satisfeitos com a vida que levavam e 43% deles achavam que o Brasil era o país mais feliz do mundo. Dez anos depois a pesquisa foi repetida e o índice nacional de felicidade subiu para 76%.

A SENSAÇÃO DE FELICIDADE FLUTUA DURANTE O DIA

Nosso humor flutua, é fácil de perceber. Vários estudos procuraram quantificar a sensação de felicidade em cada momento do dia. Mas sem dúvida a análise de novecentas mulheres trabalhadoras do Texas foi muito informativa. Para elas, comer, rezar e se exercitar geram o mesmo índice de satisfação. O que causa mais satisfação é o sexo e o que é menos prazeroso é o deslocamento para ir e voltar do trabalho. Conversar com amigos causa mais satisfação do que interagir com parentes e até com o próprio marido... O menor índice de satisfação ao interagir com pessoas foi identificado nas conversas com o chefe. Mas realmente interessante é o gráfico que descreve o índice de satisfação durante o dia. Sair do trabalho para o almoço e voltar para casa no final do dia foram os melhores momentos. Portanto, sair do trabalho gerou mais satisfação do que trabalhar...

O QUE NOS FAZ FELIZES OU INFELIZES

No século XVIII, Jeremy Bentham, filósofo e jurista inglês inspirador da criação do University College de Londres, dizia que a melhor sociedade é aquela onde os cidadãos são mais felizes. **Portanto, a melhor política de governo é aquela que produz maior felicidade. E em termos de comportamento pessoal, a melhor atitude é a que torna mais felizes as pessoas envolvidas.** Esse é o **Grande Princípio da Felicidade.** Por esse conceito, a felicidade é muito mais igualitária e coletiva, sendo o individualismo uma forma de destruí-la. Alguns componentes da felicidade individual são originados externamente à sociedade. Outros fatores vêm de dentro de cada um de nós. Mas é o conjunto de fatores internos e externos que gera nossa sensação de felicidade ou infelicidade. Em uma sociedade, as atitudes do governo são decisivas para gerar felicidade. Nem sempre o foco das ações governamentais é o bem-estar do cidadão, e torna-se mais evidente a infelicidade provocada por atitudes que atendem reivindicações de pequenos grupos ou até manobras escusas de interesse pessoal. E isso nada tem a ver com a riqueza ou pobreza do país e das pessoas. Podemos encontrar países ricos infelizes. O dinheiro faz as pessoas felizes. Pobreza e a falta de liberdade já foram amplamente testadas como mecanismos geradores de infelicidade. Mas estes não são os únicos fatores. Há um limite a partir do qual o dinheiro não faz diferença.

- ◆ Nós somos coletivamente afetados por uma corrida incessante pela posse de bens. E nos tornamos mais infelizes quando não conseguimos comprar o que é anunciado na televisão, ou, pior ainda, quando nos comparamos com o vizinho que ostenta em sua sala uma televisão com o dobro do tamanho da nossa. É **uma corrida sem fim a corrida do consumo. E uma grande geradora de infelicidade.**

- ◆ Outro fator externo de infelicidade é a **falta de segurança**. No emprego, na família, na vizinhança, nas ruas. As famílias desestruturadas, a perda de emprego e o crime são importantes fatores de infelicidade que não dependem intrinsecamente de nós. Nunca sabemos quando podemos perder a esposa, o emprego ou a carteira.

◆ Outro componente externo da felicidade é a **confiança** entre as pessoas. Se vivemos em uma sociedade inconfiável, nossa sensação de felicidade tende a desaparecer. De novo, fica claro que sociedades mais bem-estruturadas transmitem maior segurança e confiabilidade a seus componentes. Um estudo da Universidade de Colúmbia testou o nível de confiabilidade de várias sociedades "perdendo" carteiras com dinheiro e com o endereço do proprietário em várias cidades do mundo. Não houve surpresa. O retorno das carteiras aos seus donos foi maior nos países de sociedades mais organizadas coletivamente. Os campeões foram os países nórdicos. Nem é bom comentar os resultados no Brasil. Ainda estão procurando as carteiras...

Mas a felicidade depende também de fatores individuais que brotam de dentro de cada um de nós. Nossas atitudes contam muito na busca da felicidade. Felicidade parece depender do que você tem comparado com suas expectativas, com o que você gostaria de ter. Aqui "ter" tem sentido amplo porque sempre se encontra pessoas mais pobres e mais felizes do que você. Os objetivos estabelecidos por nós contam muito nesse processo. Se nossos objetivos forem muito pequenos, perderemos o entusiasmo. Se forem grandes demais, ficaremos frustrados por não os alcançar. **O segredo é ter objetivos e expectativas estimulantes e alcançáveis.**

2
A FELICIDADE (OU A INFELICIDADE) QUE VEM DE DENTRO DE NÓS

Neste capítulo revisaremos os fatores pessoais que nos afetam tornando-nos mais ou menos felizes. Eles são gerados por nós mesmos, em nossa alma, em nosso cérebro. Às vezes fica difícil separá-los de influências externas. Não seremos rígidos nessa separação.

FATORES PESSOAIS QUE NÃO PARECEM AFETAR A FELICIDADE

Idade: Não influi sobre a felicidade apesar das subidas e descidas que temos ao longo da vida. A tendência é que existam motivos para ser feliz em qualquer idade.

Gênero: Homens e mulheres se equivalem em relação à felicidade.

Aparência: Parece fazer pouca diferença em relação à felicidade.

Inteligência: Existe fraca influência do QI sobre a felicidade.

Educação: Níveis de educação diferentes não parecem influir significativamente sobre a felicidade.

FATORES PESSOAIS QUE AFETAM A FELICIDADE

Uma pesquisa periódica chamada *U.S. General Social Survey* nos Estados Unidos aponta para os fatores que afetam a felicidade. Por ordem de importância decrescente, é possível visualizar os fatores da pirâmide que influenciam na felicidade:

Relações familiares
Situação financeira
Trabalho
Comunidade e amigos
Saúde
Confiança no governo
Crença em Deus

Em todos os estudos, as relações familiares e seus problemas são listados como os fatores que mais afetam a felicidade. Observem que problemas financeiros afetam o estado de felicidade em menor intensidade do que problemas familiares. Observou-se também que indivíduos casados são mais felizes do que solteiros e separados. Amor, conforto, sexo e segurança são alguns dos ingredientes que fazem os casados viverem mais. Já o desemprego reduz não só o orçamento familiar, mas também a autoestima e o respeito. Amizades são importantes para a estabilidade emocional. Ser querido e admirado é condição para a felicidade. Uma das perguntas gerou uma resposta surpreendente aqui no Brasil: "Você diria que a maioria das pessoas é confiável?". Somente 5% dos brasileiros pesquisados consideram confiáveis as pessoas, contra 64% dos noruegueses. Isso confirma a suspeita de que o Brasil não é associativo. Temos dificuldade em conviver em grupo apesar de parecer o contrário. A saúde saúde, por sua vez, só passa a ser importante depois de perdida, e quem ainda não teve a experiência não conhece as consequências. Além disso, existe uma enorme capacidade de adaptação do ser humano às suas limitações físicas.

Desde 1981 ocorre uma pesquisa periódica coordenada pela British Columbia University no Canadá chamada *World Values Survey*. Seus resultados cobrem mais de 90 mil pessoas em 46 países. Esse estudo procura avaliar em um sistema de pontos o quanto cada item afeta a felicidade. A escala foi construída de 10 a 100, sendo 10 o menor índice de felicidade e 100 o maior. O estudo procurou quantificar o significado de cada fator que afeta a felicidade, dando-lhe sua real importância. Os resultados são interessantes, pois procuram identificar em pontos os aspectos negativos de cada fator:

Relações familiares:
Divorciados – perdem **5** pontos
Separados ainda em litígio – perdem **8** pontos

Viúvos – perdem **4** pontos
Solteirões – perdem **4,5** pontos
Vivendo juntos sem compromisso – perdem **2** pontos

Situação financeira:
Queda de um terço da renda familiar – perdem **2** pontos

Trabalho:
Desempregados – perdem **6** pontos
Emprego inseguro – perdem **3** pontos
Desemprego nacional acima de 10% – perdem **3** pontos

Comunidade e amigos:
Baixa confiabilidade (<50%) – perdem **1,5** ponto

Saúde:
Não se considerar saudável – perdem **6** pontos

Má qualidade do governo:
Perdem **5** pontos

Pouca religiosidade:
Perdem **3,5** pontos

A composição de pontos quantifica um índice de felicidade individual e coletivo. Obviamente esse estudo é sujeito a críticas, mas serve para comparar a importância dos vários eventos na vida de cada um. Observem que as relações familiares são os fatores que mais afetam a felicidade. Depois vem a situação financeira, o trabalho e a perda da saúde. Porém a surpresa ocorreu com o pouco peso dado na pesquisa à perda de renda da família. Algumas informações vindas desse e de outros estudos mostram o casamento estável como a melhor forma de ser feliz. Viver junto sem compromisso formal não provou até agora ser melhor do que casar, sob ponto de vista da felicidade obtida, porém o passar do tempo de um casamento faz retornar os índices de felicidade à situação anterior. Existe uma espécie de hábito que afeta a felicidade mais intensa dos primeiros anos. Com a vinda das crianças acontece o mesmo. Há maior felicidade nos primeiros anos de sua chegada.

Índices de desemprego baixo afetam positivamente a sociedade, pois reduzem o medo da perda do emprego. Em 2002, o Instituto Datafolha mediu o índice de satisfação do brasileiro com o trabalho. O resultado mostrou que 61% dos entrevistados se sentiam felizes ou muito felizes com sua vida profissional principalmente por se sentirem realizados nela. O salário e o nível de remuneração entraram depois de "bom ambiente de trabalho" e "boa relação com a chefia" nos motivos da felicidade.

Amizades são cruciais para se ser feliz. E se renovam ao longo da vida. As amizades são motivo constante de felicidade. Porém a falta de confiança nas pessoas e nas instituições torna a vida infeliz. Finalmente, a fé em Deus é um importante e incontestável gerador de felicidade.

A FELICIDADE OCORRE QUANDO AS NECESSIDADES PESSOAIS SÃO ATENDIDAS

No início do século XX, o psicólogo americano Abraham Maslow definiu os cinco níveis de necessidade pessoal que levariam à felicidade. Sugeriu uma pirâmide de necessidades progressivas que, ao serem atingidas plenamente, a felicidade também seria plena:

Nível 1 (base da pirâmide) – **Necessidades fisiológicas básicas**, como fome, sono, sexo.

Nível 2 – **Necessidades de segurança**, como emprego seguro, casa segura, seguro de vida.

Nível 3 – **Necessidades sociais**, como pertencer a uma associação ou comunidade.

Nível 4 – **Necessidades de autoestima**, como ser reconhecido pelas qualidades e habilidades.

Nível 5 – **Necessidades de autorrealização**, como desenvolver o potencial pessoal e sentir-se, por isso mesmo, realizado.

Podemos superpor essa pirâmide à lista de fatores que nos fazem felizes. Atendidas essas necessidades, seremos certamente mais felizes. De novo, agora na visão de Maslow, não entram poder e dinheiro como necessidades pessoais e consequentemente como caminho para a felicidade.

AS PERDAS PESSOAIS COMO GERADORAS DE INFELICIDADE

Perdas são sempre mal recebidas pelos seres humanos. A vida vitoriosa é estimulante, porém, infelizmente, nunca é permanente. Há em primeiro lugar o trauma pela perda de familiares, pais ou até filhos; esta última é, de longe, a mais dolorosa. Depois vem a perda dos pares, dos amigos, que simplesmente aparecem e desaparecem de nossas vidas. Em seguida vem o trauma da perda de poder, quando se observa que os protagonistas passam a ser outros. Isso é muito comum com o envelhecimento e significa declínio. O envelhecimento e suas limitações de raciocínio e palavra é um gerador de infelicidade para quem não se prepara para ele. E, principalmente nos homens, há o trauma da constatação definitiva da redução ou extinção da potência sexual. Há o trauma da percepção do futuro reduzido, quando os anos a serem vividos escasseiam. Surge então o trauma do diálogo forçado com a morte, uma figura palpável, quase vizinha, marcando um encontro inevitável logo ali adiante.

O mais surpreendente é que todas essas perdas podem ser antecipadas e podemos nos preparar para elas. Mas nossa cabeça não admite perdas, aceita mal os reveses naturais da vida, mesmo sabendo com anos de antecedência que eles acontecerão.

CIÚME, O VILÃO DA FELICIDADE

O amor costuma ser um sentimento nobre, edificante e estruturador do cérebro humano. Portanto, gerador de felicidade. Mas pode também se tornar contraditório e destruidor. Todos nós conhecemos exemplos disso. Uma situação de risco para o amor é a infidelidade. Porém, a situação desestruturadora do amor mais comum é a infidelidade imaginária. E ela é criada pelo ciúme. Para que o ciúme se revele são necessários três personagens: o ciumento, a pessoa amada e o invasor imaginário. O ciumento, na maioria das vezes, não tem fatos reais a comprovar a infidelidade da pessoa amada, porém sua imaginação estabelece uma certeza da invasão de um terceiro e isso o faz tornar-se obsessivo e às vezes até delirante. O ciumento passa a procurar evidências da traição. Abre correspondências, bisbilhota o computador e o telefone celular, examina roupas e até segue ou manda seguir o parceiro. Para o ciumento, não existe limite entre a imaginação, a fantasia e a realidade. As dúvidas se tornam certeza mesmo sem provas reais.

Assim o amor vai se desgastando e ao final o terreno fica fértil para a infidelidade. Aí então o ciumento, em tom de vitória, simplesmente conclui: "Eu não disse?". O ciumento não parece compreender que ele motivou a traição e o fim do amor. E parece ter prazer nisso.

Ciúme e infelicidade andam frequentemente juntos, principalmente quando ele se torna delirante. O sofrimento envolve o casal e às vezes até o objeto do ciúme, que muitas vezes nada tem a ver com isso.

Não podemos esquecer que há também ciúmes entre irmãos, entre amigos do mesmo sexo, entre companheiros de trabalho. Ou seja, onde há um ciumento existe o inimigo da felicidade, o ciúme.

O SUCESSO DO MEU VIZINHO ME DEIXA INFELIZ

Este teste já foi feito muitas vezes. Solicitou-se a um grupo de estudantes que dissessem onde preferiam viver: em um país em que ganhassem mais do que os outros mas em quantidade menor ou em outro em que ganhassem menos do que os outros porém em maior quantidade. Na segunda opção, eles seriam mais ricos mas não seriam os mais ricos. Na primeira opção, eles seriam os menos pobres dos pobres. Resultado: repetidas vezes a resposta foi a mesma. Ganhar mais do que os outros é melhor do que simplesmente ganhar mais. Isso confirma que temos no nosso DNA o fator inveja, o maior mecanismo de infelicidade já descoberto no ser humano. Pautamos nossas vidas pelas dos outros. Meu vizinho tem um carro importado, uma BMW último tipo, eletronicamente atualizada, linhas modernas etc. Todos os dias ao sair para o trabalho em meu "fusca", eu admiro e invejo o carro do meu vizinho. Todos me consideram um exemplo de trabalhador sério e comprometido. Faço muito acima de minhas obrigações. Mas em verdade sou um invejoso que almeja ter um carro igual ao do meu vizinho e trabalho incessantemente para conseguir. Um dia, finalmente, consigo comprar o objeto dos meus sonhos. Sento-me no carro ao sair de casa de manhã, respiro fundo, sorrindo para o meu sucesso. Olho para a garagem do vizinho. Não acredito no que vejo. Lá está uma flamante Ferrari vermelha.

A SÍNDROME DA COMPARAÇÃO SOCIAL – O FATOR INVEJA, MOTIVO DE SOFRIMENTO E INFELICIDADE

Uma doença nova em evidente epidemia é a "**síndrome da comparação social**". Pautar nossa vida financeira pela dos outros é muito arriscado. A própria globalização disseminou essa doença no mundo econômico. Se alguém está ganhando dinheiro fabricando sapatos, em seguida milhares de concorrentes aparecerão. Mas as fábricas da China, mais eficientes e de menor custo, terminam por jogar todos em uma profunda crise. Fabricar sapatos passa a ser um mau negócio. A síndrome da comparação social afetou os países coletivamente e as pessoas individualmente. Não podemos afirmar que somos mais felizes do que antes da globalização. Antes nosso concorrente era conhecido, muitas vezes morava na mesma rua, na mesma cidade. Hoje o concorrente pode não ter feições definidas e viver numa desconhecida e poluída vila chinesa no outro lado do planeta.

Mas a síndrome da comparação social atingiu em cheio a rotina das pessoas. Automóveis são vendidos pela comparação com o do vizinho. A renda pessoal é sempre comparada com a dos colegas, e sofremos se notamos alguma diferença. O **fator inveja** é a doença que se instala quando vemos vantagens nos ganhos ou no sucesso de nossos colegas ou de nossos concorrentes. Comparar a nossa renda com a do vizinho estabelece nosso valor. Sofremos muito quando a comparação é negativa para a nossa balança. Vários estudos já comprovaram que um aumento de renda dos colegas afeta a nossa felicidade. Mesmo sem saber qual é a renda anual de nosso vizinho, fazemos uma ideia observando o conforto e a opulência em que ele vive. E isso nos faz sofrer. Por isso pautamos nossa vida pela dele, adquirindo os mesmos bens supérfluos que ele faz questão de nos exibir. E aí começa uma corrente sem fim de aquisições e insatisfações.

É conhecido o fato de que nas Olimpíadas os que alcançam medalha de bronze são mais felizes do que os que obtêm de prata, pois se comparam com os que não receberam medalhas, enquanto os detentores das medalhas de prata lamentam não ter obtido o ouro. **Portanto, baseado na comparação social, um dos segredos para ser feliz é não se comparar com pessoas mais bem-sucedidas do que você.** Compare-se somente com os que estão abaixo de você. Essa é uma das razões pelas quais a satisfação de vida, a felicidade diária, não aumenta com o crescimento econômico de uma nação.

DINHEIRO NÃO FAZ A FELICIDADE.
SÓ FACILITA A VIDA

Desde 1950 a vida se tornou mais fácil para a população dos Estados Unidos, pois a renda per capita lá aumentou quase três vezes nesses sessenta anos. Porém, o número de pessoas muito felizes ou muito satisfeitas com a vida que levam nunca passou de 40%. Essa pesquisa vem sendo feita há mais de cinco décadas e os resultados são consistentes. O aumento do dinheiro no bolso, ou do patrimônio, ou da segurança financeira acima dos níveis de subsistência não leva necessariamente à felicidade. O mesmo ocorreu na Inglaterra e no Japão. Estes resultados são surpreendentes, pois há outra informação de que 45% dos mais ricos se consideram muito felizes contra apenas 33% dos mais pobres que se julgam muito felizes. Por que, então, tendo mais do que dobrado o poder aquisitivo da população em sessenta anos, o número de muito felizes congelou em 40%? Parece um contrassenso. Talvez a confusão entre felicidade e conforto tenha sido a causa dessas diferenças. Quem se sente muito confortável pode achar-se muito feliz, sem compreender que são coisas diferentes. A outra explicação é a síndrome da comparação social e o fator inveja.

Um questionário aplicado à população brasileira pelo IBOPE em 2002 encomendado pela Confederação Nacional da Indústria (CNI) revelou que **na geração de felicidade a vida afetiva e familiar, a qualidade de vida e a garantia de emprego contam mais do que o dinheiro.**

A "DOENÇA DO MUITO E DO MELHOR" GERA INFELICIDADE

Quantos de nós não tínhamos ar-condicionado há alguns anos. Depois que o adquirimos não conseguimos imaginar a vida sem ele. Nos adaptamos perfeitamente à nova condição de conforto e esquecemos que não éramos menos felizes antes. Da mesma forma, ao comprar um carro novo ou uma bicicleta nova, curtimos suas qualidades por algum tempo. Depois voltamos à situação primitiva. Terminamos por voltar ao mesmo estado de humor que tínhamos com a bicicleta ou o carro velhos. Tudo é adaptação.

O risco que corremos com novas aquisições é nos tornarmos dependentes do estado de bom humor dos primeiros tempos. Quando voltamos à situação primitiva, passamos a sentir falta de uma nova emoção. E lá vamos nós para a compra de um televisor maior, para um computador mais potente, mesmo que não tenhamos utilizado nem a capacidade total do anterior. A satisfação obtida com esse consumo imita a satisfação obtida com a dependência química do álcool e das drogas. É uma ladeira que descemos sem obstáculos, um verdadeiro tobogã sem fim. E nada disso traz a felicidade que buscamos, pois sempre nos adaptamos à nova aquisição e voltamos à condição antiga, com o mesmo humor e a mesma satisfação. Ou insatisfação.

O mesmo ocorre com a renda pessoal. Nunca nos perguntamos: "Quanto necessito para viver?". A pergunta sempre é: "Quanto mais posso ganhar neste ano?". É a espiral dos ganhos, em que a satisfação não acompanha os números. A adaptação aos novos ganhos eleva também o nível de "necessidades" e o grau de refinamento de nossa busca pela satisfação. Passamos do carro para o iate, daí para o avião, a ponto de que já ouvi esta pérola do humor: "Ninguém é feliz sem um jatinho!".

NOSSA GENÉTICA FACILITA NOSSA FELICIDADE?

Como em tudo, a genética influi mas não é excepcionalmente importante, pois as experiências ao longo da vida mudam o comportamento das pessoas. Um estudo com gêmeos feito em Minnesota mostrou que os idênticos (univitelinos) apresentam a tendência de serem semelhantes na sensação de felicidade. O mesmo não ocorre com os gêmeos bivitelinos. Há maior tendência também em serem semelhantes na ocorrência de doenças como depressão, esquizofrenia ou alcoolismo. Ou seja, genes podem influir, mas não são mandatórios para a felicidade ou infelicidade.

Certamente a carga genética influi no comportamento da criança e posteriormente do adulto, mas, em um estudo feito com crianças adotadas no nascimento, observou-se que aspectos positivos ou negativos da nova família podem ser adquiridos. Por exemplo: filhos de criminosos adotados por famílias boas podem não vir a ser criminosos. E vice-versa. Mas ao longo da vida a tendência é que a genética termine se manifestando.

Reconhecidamente, os cientistas afirmam que nosso genoma inclui os aspectos positivos e negativos no mesmo pacote. Ou seja, nascemos com o potencial de sermos felizes ou infelizes. Cabe a cada um de nós exercitar seu lado positivo para que o caminho da vida seja mais feliz. E mais fácil.

PODE HAVER FELICIDADE NA DOENÇA?

Conheci gente muito doente e muito feliz. Na verdade, sempre tive dificuldade de entender este binômio felicidade-doença. Mas não são casos raros. O impacto do diagnóstico talvez seja decisivo no comportamento do paciente. A aceitação da má notícia da degradação do corpo depende de fatores pessoais, familiares, religiosos e também financeiros. Quando o paciente recebe a notícia de que é portador de uma doença grave, o primeiro período é de elaboração e entendimento. Por que eu? Por que isso acontece comigo? Essa fase é atenuada se o paciente foi um transgressor e não cuidou da sua saúde. Mas há muitas doenças que não têm uma origem clara e geram revolta quando surgem. O paciente precisa entender quais são os riscos envolvidos, quais são os procedimentos necessários, em que tempo as coisas ocorrerão. Sempre há uma grande indagação sobre a possibilidade de sofrimento e sua intensidade. **Muitas vezes o que mais incomoda não é o medo da morte, mas os procedimentos dolorosos a que o paciente terá que se submeter.** Daí em diante as reações são absolutamente pessoais. Os deprimidos tendem a aprofundar sua depressão e entregar-se à autocomiseração. Já os guerreiros, acostumados a outros embates na vida, fazem seu plano de ataque. Estes últimos, com frequência, mudam de estilo de vida, tornam-se mais leves e mais profundos. Começam a curtir pequenos prazeres a que antes não se permitiam. Ficam mais próximos da família, organizam suas finanças, preparam os anos difíceis que têm pela frente como se fosse um grande projeto, às vezes o último. Eles nos surpreendem em suas reações. E nos passam a sensação de serem realmente felizes.

3
A FELICIDADE (OU A INFELICIDADE) QUE VEM DE FORA DE NÓS

Fatores externos podem afetar nosso bem-estar para mais ou para menos. Nem sempre ou quase nunca podemos controlá-los. São as influências geradas pelo meio em que vivemos que atuam sobre nosso humor – por exemplo, a violência urbana, políticas inadequadas dos governos e a mídia. Há uma longa lista de fatores externos que nos afetam.

AS DIFERENÇAS DE FELICIDADE ENTRE AS NAÇÕES

Ao comparar os países industriais mais ricos do Ocidente, pode se observar que não apresentam índices de felicidade maiores do que os menos ricos. Acima de 20 mil dólares de renda per capita não há importantes variações nos índices de felicidade. Mas é evidente que em países pobres é muito difícil ser feliz, principalmente se há uma luta diária pelo alimento. Também se observa que países que têm crescido nos últimos anos, como Coreia do Sul, México e Brasil, têm melhorado os níveis de felicidade de sua população. Por isso, podemos afirmar que sair da pobreza faz as pessoas mais felizes. **Mas, a partir de certos níveis** de renda, o aumento da disponibilidade financeira não aumenta os índices de felicidade.

O *World Values Survey*, já mencionado por mim anteriormente, realiza periodicamente uma pesquisa internacional que permite definir as causas reais da felicidade das nações. Os principais países de todos os continentes são criteriosamente avaliados do ponto de vista econômico, cultural e social. Há 46 países e 90 mil pessoas pesquisadas periodicamente. Ao final da última pesquisa, estabeleceu-se um ranking internacional para a felicidade e suas causas principais. Foram seis:

◆ **Baixo índice de divórcio**

◆ **Baixa taxa de desemprego**

◆ **Alto nível de seriedade e confiança**

◆ **Alto grau de filiação a organizações não religiosas**

◆ **Boa qualidade de governo**

◆ **Alta porcentagem da população que acredita em Deus**

Observe que dinheiro e conforto não foram mencionados como geradores de felicidade. De fato, alguns países com renda per capita mais baixa aparecem bem situados no ranking da felicidade porque seus cidadãos dispõem dos fatores citados anteriormente na pirâmide para serem felizes (ver p. 28). A felicidade de um país se mede pela porcentagem de seres humanos felizes.

DEPRESSÃO ENTRE OS PAÍSES DESENVOLVIDOS VEM AUMENTANDO

Tem ficado evidente o aumento de casos de depressão em todo o mundo. A Organização Mundial da Saúde já alerta para o fato de que em 2020 a depressão será a segunda causa de doença incapacitante para o trabalho, tamanho é o crescimento anual do número de casos. **O aumento da renda dos países também aumenta o número de casos de depressão.** Talvez esta seja a maior evidência de que, passados certos limites de renda, o dinheiro não traz felicidade. Entre pobreza e depressão, esta última deixa o ser humano mais miserável. Aliás, depressão e outros tipos de doença mental mais comuns são os maiores responsáveis por ausência ao trabalho ou falta de condições de exercê-lo.

OS TERRÍVEIS NÚMEROS DA DEPRESSÃO

A depressão está se tornando um sério problema de saúde pública. Não há classe social, idade ou raça que esteja livre dela. Obviamente, há grupos mais deprimidos, com índice maior de suicídios, maior absenteísmo ao trabalho, mais doenças secundárias por ela causadas. Alguns números ilustram a importância dessa doença, atualmente em ascensão em todos os países:

- A depressão será a segunda causa de doença no mundo a partir de 2020 (segundo a Organização Mundial da Saúde). Vai perder só para a doença cardiovascular.

- É duas vezes mais comum do que o diabetes.

- É três vezes mais comum do que o câncer.

- Metade dos infartados já teve ou está em plena depressão.

- É duas vezes mais comum em mulheres do que em homens.

- Ao longo de suas vidas, cerca de 10% das mulheres e 4% dos homens sofrem períodos depressivos.

- As mulheres são mais afetadas entre os 30 e os 45 anos de idade e depois dos 65.

- Ocorre em 10% dos indivíduos com mais de 65 anos.

- Cerca de 3% dos adolescentes se deprimem.

- Cerca de 1% das crianças tem depressão.

- Algumas profissões parecem ser mais atingidas (agricultores, médicos, dentistas e farmacêuticos).

SUICÍDIO, UM ALARMANTE INDICADOR DE INFELICIDADE

Na maioria dos países, o suicídio não contribui com mais de 1% das mortes. Porém, na maioria dos países desenvolvidos, os índices de suicídio vêm aumentando, principalmente entre os jovens, o que é um alarmante indicador de infelicidade. Nos Estados Unidos, pelo menos um estudo identifica o divórcio dos pais como importante causa do crescente índice de suicídio de jovens.

- Ocorrem atualmente 850 mil suicídios anuais no mundo.

- Homens deprimidos se suicidam três vezes mais do que mulheres deprimidas.

- O índice mais alto de suicídios ocorre em pessoas com mais de 75 anos de idade.

ALCOOLISMO, UM SINAL DE INFELICIDADE ENTRE AS NAÇÕES MAIS RICAS

Alcoolismo também é um sinal de infelicidade. Nos países mais desenvolvidos, o alcoolismo vem aumentando e isso explica a crescente incidência de cirrose hepática e de transplantes de fígado. Será este também um preço a pagar pelo aumento da riqueza de uma nação?

CRIME, UM INDICADOR DE INFELICIDADE

Na maioria dos países desenvolvidos e em alguns em desenvolvimento o crime vem aumentando, o que surpreende porque se imagina que maior renda diminua a necessidade da vida criminosa. Geralmente se correlaciona crime com pobreza e com infelicidade. Isso pode ser real, porém, melhorando o nível de vida da sociedade, o crime não desaparece. Isto talvez explique por que países mais ricos melhoraram em até três vezes sua renda e mesmo assim permaneceu estável o número de pessoas realmente felizes. Parece que o componente "falta de confiança nas pessoas" tem a ver com esse aumento. "Em quantas pessoas você confia plenamente?". Essa pergunta vem sendo repetida nos vários países em que o *World Survey* atua e os números vêm caindo, como já vimos anteriormente, mas nunca é demais repetir. O Brasil ocupa uma posição desonrosa: **os brasileiros declaram que confiam em apenas 5% das pessoas com quem se relacionam.** A consequência natural é uma vida mais solitária, menos associativa.

As comunidades mais pobres foram infestadas pelo comércio de drogas, o que tirou toda confiança que as pessoas depositavam umas nas outras. Aliás, o número de sociedades, de instituições de agregação de indivíduos vem caindo no mundo todo, o que termina fazendo com que as pessoas passem muito tempo sozinhas ou acompanhadas por gente em quem não confiam. O futebol, que sempre foi fonte de agregação de pessoas, corre o risco de se tornar campo de batalha de torcidas. Resta o carnaval. Talvez devêssemos ter um a cada três meses...

MORTES NO TRÂNSITO, OUTRO INDICADOR DE INFELICIDADE

Vida calma e organizada condiciona forma de dirigir mais calma e segura e, consequente, menor número de mortes no trânsito. **As pessoas costumam dirigir da forma que está seu estado de espírito.** Por isso é tão comum existirem bêbados e transtornados ao volante. De novo a perda da visão coletiva da vida nos faz lutar nas ruas pelo melhor espaço, por chegar primeiro, por arrancar mais rápido. Em resumo: por vencer a disputa diária do trânsito. As mulheres, usualmente mais organizadas, mais voltadas à preservação da vida, parecem ter entrado nessa competição. Embora estejam dirigindo bem melhor do que nós, homens, também estão mais agressivas.

O CASO DO BUTÃO: A FELICIDADE INTERNA BRUTA

O Butão é um pequeno país situado no Himalaia que faz divisa com o Tibete e o Nepal. Nove meses de inverno assolam anualmente o Butão. Seus 750 mil habitantes são sofridos, mas pacíficos. O Butão é um reino. Seu rei, formado em Oxford, na Inglaterra, é um homem inteligente e culto. Seu nome é Jigme Wangchuck. Em 1972, ele resolveu criar um programa de estímulo à qualidade de vida. Chamou-o de **Felicidade Interna Bruta** para compará-lo com o Produto Interno Bruto (PIB), um marcador da economia dos países. "**Em nosso processo de desenvolvimento, a felicidade precede a prosperidade econômica**", são palavras do rei.

Ajudado por economistas da Europa, Estados Unidos e Canadá, foi desenvolvido um sofisticado indicador quantitativo capaz de espelhar a qualidade de vida da nação, através de informações obtidas por um questionário que pode ser respondido anualmente por todos os cidadãos em trinta minutos. A pesquisa serviu para estabelecer programas de governo que atendam o objetivo de proporcionar felicidade aos butaneses.

Um dos presentes para o seu povo foi a televisão. Não existia TV no Butão até 1998. O rei contratou o satélite e os canais de TV a cabo, os mesmos a que assistimos diariamente. Distribuiu televisores pelo país e sentiu-se satisfeito pela sua realização.

Porém, em 2003, apenas cinco anos depois, o rei cancelou o contrato do satélite e recolheu os televisores. Sua explicação foi surpreendente. Não havia crimes no Butão, sua população era pacífica. Após o advento da televisão, iniciaram-se estupros, furtos, assaltos, disputas familiares. O número de delegacias teve de ser ampliado. E o rei se deu conta de que havia dado à população um autêntico presente de grego.

Do exemplo do Butão tira-se a lição de que conforto não significa felicidade. A TV foi um conforto que tornou o povo do Butão mais infeliz. Provavelmente o país já era feliz antes e não necessitava desse tipo de intervenção. O Butão tornou-se um centro internacional de estudos sobre a felicidade. Grandes universidades estão presentes no país monitorando com seus laboratórios a população, na tentativa de identificar com precisão como um povo pode ser feliz com poucos recursos.

A Felicidade Interna Bruta de um país pode não residir no acesso a recursos tecnológicos. Não está também vinculada à riqueza, aos recursos materiais disponíveis ou ao capital individual. **A renda per capita não se correlaciona de nenhuma forma com a satisfação e o prazer.** São linhas que se afastam. A Felicidade Interna Bruta tem mais a ver com o bem-estar psicológico da população, a longevidade comunitária, a proteção ambiental e bons critérios de governança. A felicidade, segundo o governo do Butão, deve ser entendida como um bem público, já que todos os seres humanos almejam alcançá-la.

Relembrando: Nos Estados Unidos, onde se mede o índice de pessoas realmente felizes há mais de sessenta anos, observaram-se dois fatos contundentes:

1. O índice de satisfação de vida vem se mantendo igual ao longo dos últimos sessenta anos. Em torno de 40% da população se declarou muito satisfeita com a vida que leva. Não houve aumento na porcentagem de pessoas felizes.

2. A renda per capita, ou seja, a riqueza pessoal, no mesmo período, aumentou em quase três vezes.

Portanto, no Ocidente as pessoas ficaram mais ricas nos últimos sessenta anos, trabalham menos, tem mais feriadões, viajam mais, vivem mais, são mais saudáveis, mas não estão mais satisfeitas. **Por isso, realmente podemos afirmar: dinheiro não traz felicidade. Segunda afirmação: conforto não significa felicidade.**

FIB OU PIB?

Em inglês seria GNH (Gross National Happiness) ou GNP (Gross National Product). O rei do Butão foi o primeiro a perceber que bem-estar tem pouco a ver com produção ou com resultado financeiro. No Ocidente, o PIB é o indicador de crescimento do país, mostrando o quanto se avançou em determinado período no sentido de se obter melhor poder aquisitivo e melhor qualidade de vida para a população. O novo conceito (FIB) determina que qualidade de vida significa unicamente conforto, enquanto estilo de vida é a real meta a ser alcançada porque significa saúde e felicidade. Fica óbvio que como indicador de bem-estar o FIB tem mais a ver com promoção da saúde e da felicidade de uma nação. O rei do Butão está certo.

A TELEVISÃO PODE TORNAR VOCÊ MENOS FELIZ?

Pode, de muitas maneiras. Em primeiro lugar, pense em quantas pessoas ricas você conhece. Na televisão você termina conhecendo um número desproporcional de pessoas ricas, personagens reais ou de ficção, o que lhe deixa ainda mais a impressão de que você é um sujeito malsucedido, porque não tem os mesmos recursos. O fator inveja e a síndrome da comparação social são estimulados pela televisão e isso afeta a felicidade das pessoas.

Outro motivo de infelicidade que a televisão nos passa é a beleza. A quantidade de homens e mulheres bonitos que você encontra no dia a dia é de longe bem menor do que a que uma hora de televisão lhe oferece. Isso também leva à comparação social. Inevitavelmente você olha para seu marido ou para a sua mulher e compara com os heróis da novela que você tanto admira. Um psicólogo chamado Douglas Kenrick fez o seguinte experimento: testou o humor de mulheres por métodos cientificamente reconhecidos e depois mostrou a elas uma série de fotos de modelos lindíssimas. Ao voltar a testar o humor delas, observou que todas estavam mais mal-humoradas depois da sessão de fotos. O mesmo psicólogo fez experimento semelhante com homens. Primeiro aplicou um questionário em que os homens avaliavam suas esposas. Depois mostrou as fotos das modelos. A seguir, em novo questionário, a avaliação das esposas já não foi tão otimista como a anterior.

Uma avaliação do *General Social Survey* observou que pessoas infelizes assistem 20% mais televisão do que as felizes.

A televisão tem muitos méritos, mas também tem suas mazelas. O noticiário nos faz compartilhar experiências com as pessoas que viveram o tsunami ou a queda das torres gêmeas, que literalmente ocorreram dentro de nossa sala. O stress coletivo aumentou. Somos tão pressionados pela violência nos noticiários quanto nas novelas e filmes de ficção. Sexo e violência andam juntos na televisão. E é óbvio que nosso comportamento muda ao percebê-los. Há inúmeros estudos demonstrando a ação da televisão sobre as crianças e os jovens. Sua agressividade aumenta, indiscutivelmente. Se os pais têm consciência disso, podem anular esse efeito orientando os filhos para os programas educativos, que são muitos.

Mas o efeito mais nocivo da televisão sobre a felicidade das pessoas é a redução da convivência social da família. Conversa-se menos, convive-se menos. Nos países mais televisivos, as pessoas passam de 20 a 25 horas por semana em frente ao televisor. Três a quatro horas por dia. É o suficiente para reduzir a vida social da família. E, consequentemente, sua felicidade.

OS VENCEDORES VIVEM MAIS

O estudo foi feito com macacos na Universidade da Califórnia em Los Angeles (UCLA). Medindo a serotonina no sangue, um neurotransmissor responsável pelo bom humor, observou-se que, quanto mais alta fosse a posição de liderança do macaco na comunidade, mais serotonina era detectada e mais humor e satisfação os macacos apresentavam. Com seres humanos não é diferente. **Aumentando o grau de realização dentro de uma sociedade, os indivíduos sentem-se melhor e terminam tendo vida mais saudável e vivendo mais.** Os vencedores do Oscar, o maior prêmio do cinema, vivem em média quatro anos mais do que os que são simplesmente indicados sem vencer. Mas as posições elevadas na escala social não se multiplicam, e muitas vezes, para alguém subir, alguém tem que cair. Sucesso de uns, insucesso de outros. É a "corrida pela felicidade", que na realidade tem como objetivo a ascensão social, e não a felicidade. Esta última não depende de corrida alguma, pois é gerada dentro de cada um de nós sem ocupar espaços e sem derrubar ninguém.

4
A SAÚDE COMO FONTE DE FELICIDADE

O conceito de saúde mudou, tornou-se mais amplo, além de envolver a ausência de doença física e mental aderiu-se a ele uma condição de saúde familiar, profissional, financeira, ambiental e espiritual.

O conceito de estilo de vida é semelhante ao de saúde por ser baseado na organização da vida pessoal, da vida familiar, financeira, profissional e da vida espiritual, além do lazer e da alimentação. Estilo de vida é, portanto, a gestão do prazer de viver organizadamente em todas as dimensões. Podemos afirmar que estilo de vida e saúde são o mesmo fenômeno, vistos pelos mesmos ângulos.

E a felicidade? Não é justamente o que se obtém com a organização de todos os aspectos da vida humana? E, como sabemos, pessoas felizes definitivamente vivem mais.

Por tudo isso, atrevo-me a passar a vocês a minha equação:

> ESTILO DE VIDA
> =
> SAÚDE
> =
> FELICIDADE
> =
> LONGEVIDADE

VIVER MUITO OU VIVER FELIZ: EIS A QUESTÃO

◆ Não, esta não é a questão. Para viver muito é necessário viver feliz. Esta é a questão real. Uma vida longa só se justifica se houver prazer.

◆ Uma vida "porcaria" é melhor que termine logo. Quem ficou chocado com essa frase vá a algum hospital ver com os próprios olhos algumas vidas sem sentido. Como médico, vi muitas. Conheci, por exemplo, um paciente que ficou um ano em uma UTI, comunicando-se precariamente com o mundo ao seu redor. Isso é vida?

- Há alguns componentes da longevidade já bem conhecidos. Por exemplo: para viver muito é importante que a genética ajude. Porém, esta só influi em 20 a 30% dos casos de longevidade, segundo os melhores estudos. Por isso não confiem na genética do vovô que chegou aos noventa anos. Afinal, você pode ou não ter herdado todos os seus genes.

- Viver em ambiente saudável tem uma poderosa influência sobre a longevidade. Os estudos falam em até 20%.

- Médicos e equipe da saúde não são tão importantes para a longevidade, pois só 10% das vidas são prolongadas pelos checkup, ou pelos tratamentos de doenças como câncer, infarto e derrame. Até 53% dos casos de longevidade são explicados pela manutenção de um bom estilo de vida (Universidade Stanford, Califórnia).

- **O mais poderoso mecanismo de longevidade continua sendo o estilo de vida saudável.**

MAS O QUE É ESTILO DE VIDA?

De forma prática, estilo de vida é o gerenciamento do prazer, da saúde e da felicidade no dia a dia.

Estilo de vida saudável significa:

    vida pessoal organizada

    vida familiar organizada

    profissão prazerosa e gratificante

    vida financeira organizada

    vida espiritual ativa e estimulante

    lazer e exercício de rotina

    alimentação saudável

- Fica claro que estilo de vida saudável e saúde são a mesma coisa. Alcançou um, obteve o outro.

- Mas será que felicidade é mais do que isso, ter todos os territórios da vida organizados? Por isso se justifica a minha equação:

> ESTILO DE VIDA
> =
> SAÚDE
> =
> FELICIDADE
> =
> LONGEVIDADE

- Felicidade não é um porto de chegada. Felicidade é a viagem... Quem pensar "só serei feliz um dia, quando..." não será feliz nunca.

- Portanto, temos que viajar ao longo da vida aproveitando a felicidade embutida em cada momento.

- Felicidade é a nossa viagem pelo planeta Terra, pelo tempo que durar.

ATENÇÃO!

Qualidade de vida significa conforto. Estilo de vida saudável é muito mais. É saúde e felicidade, cuja consequência é a longevidade.

- Confundimos facilmente estilo de vida saudável com conforto. Ter um carro, por exemplo, é confortável. Mas nos torna mais sedentários, o que não é recomendável para quem quer ter um bom estilo de vida.

- **Conforto tem a ver com qualidade de vida, e não com estilo de vida.** Se moro bem, tenho transporte, tenho acesso a bens de consumo, posso dizer que tenho uma vida confortável. Tenho qualidade de vida.

- **Estilo de vida saudável, saúde e felicidade não têm nada a ver com conforto.** Posso ser feliz morando em um "rancho fundo, bem para lá do fim do mundo, onde a dor e a saudade contam coisas da cidade...".

- Se não tenho uma vida confortável, posso não ter qualidade de vida e mesmo assim ter um invejável estilo de vida e ser feliz.

- Da mesma forma, confundimos ter propriedades com segurança e estabilidade financeira. Às vezes algumas propriedades constituem grande dor de cabeça.

- Cultivar o ser em detrimento do ter parece mais gratificante.

- O caso do Butão deve ser lembrado aqui.

5
OS "CAMINHOS" PARA A FELICIDADE

A busca da felicidade exige o cumprimento de algumas regras. A elas chamamos "caminhos". Exige-se bastante do ser humano na busca da felicidade. Um treinamento contínuo é necessário. O aprimoramento pessoal é parte dessa busca. Todos deveríamos almejar o ser humano ideal.

O SER HUMANO IDEAL É FELIZ

◆ Quem é o ser humano ideal? Quem consegue atingir esse patamar invejável de satisfação de vida? Não se trata de um santo ou de um super-homem. O ser humano ideal existe e sempre existiu. Pode ser qualquer um de nós que tenha vencido a maior das batalhas: **eliminar o sofrimento da vida.**

◆ O ser humano ideal não sofre mais. Não perde a cabeça, mantém-se calmo e sereno. Não odeia. Não sente inveja ou ressentimento. Não sente tristeza, ansiedade ou medo. Não é egoísta ou vaidoso.

◆ **O ser humano ideal só alimenta sentimentos positivos sobre si mesmo e sobre as outras pessoas.** Vive em serenidade, paz, alegria e harmonia. Consegue neutralizar todos os sentimentos negativos. Não sente mais tensão e stress. Tem seu corpo em estado contínuo de relaxamento. Vive em harmonia, alegria, risos e bom humor.

◆ **O ser humano ideal nutre-se de amor.**

É POSSÍVEL TORNAR-SE ESSE SER HUMANO IDEAL?

Sim. Apesar da longa procura, esse ser humano ideal já existe dentro de você. Você é o culpado por ocultá-lo. **Seu maior inimigo é você mesmo!**

Mas, claro, não é fácil tornar-se esse ser humano. Por mais que o idealizemos, nunca chegaremos completamente a ele. Mas a própria busca faz o sucesso do resultado. Procurar dentro de cada um de nós esta idealização já é o próprio caminho da felicidade.

EXISTEM REGRAS PARA TORNAR-SE O SER HUMANO IDEAL?

Não devemos permitir que a nossa serenidade dependa das situações mais ou menos difíceis que enfrentamos, mas somente do controle das nossas reações a essas dificuldades.

- Podemos reagir de forma diferente a cada situação, às vezes até mesmo perante a mesma situação. Ainda mais se ocorrer em momentos diferentes da vida.

- Nossas reações a cada situação são condicionadas pelas experiências prévias, pelo nosso passado, que pode ter nos gerado uma marca forte. Mas ao reagirmos desfavoravelmente estamos condicionando nosso futuro. Criando novas marcas negativas.

- Por exemplo: ao sermos agredidos no trânsito, se tivermos como hábito reagir agressivamente, repetiremos a ação a cada vez, criando sempre novas marcas de stress. Mas podemos mudar a reação, romper com o passado e responder a uma agressão com um sorriso. Aí um padrão novo se estabelece. Se exercitarmos esse novo padrão, terminaremos por adotá-lo e assim apagaremos as marcas das atuações passadas.

- Para adquirirmos a serenidade do ser humano ideal, temos que mudar a forma negativa com que atuamos no passado. Temos que mudar a forma de reagir às situações.

- Se reagirmos sempre positivamente, estaremos mudando nosso futuro e encontrando a serenidade.

- O exercício contínuo de busca de reações positivas deve ser mantido até tornar o processo espontâneo, um verdadeiro hábito.

João detestava ser baixo. Sonhava às vezes, à noite, em ter mais de um metro e oitenta. Ao acordar, a frustração acordava com ele. João era frequentemente chamado de "baixinho" e tinha reações as mais descontroladas. Já brigara muito por isso. Apesar de todos os seus amigos conhecerem bem esse problema, sempre aparecia um desavisado que o chamava de "baixinho". Até o dia em que João se conscientizou de que seu mau humor não mudaria a sua altura. Passou a considerar que o apelido poderia conter uma boa dose de carinho. Adotou uma nova forma de reagir. Agora, quando o chamam de "baixinho", ele repete sem pestanejar: "Obrigado pelo carinho". Isso já se tornou um hábito. Desde então João vive sereno e em paz com sua altura.

(Depoimento do paciente ao autor)

◆ Pode parecer uma história idiota, mas certamente não para João, que sofreu muito com seu complexo de inferioridade. Portanto, a regra número 1 para tornar-se um ser humano ideal é:

> **REGRA NÚMERO 1**
> Mudar a forma de reagir ou simplesmente não reagir.

O CAMINHO PARA A FELICIDADE PASSA PELA SERENIDADE

◆ Ao contrário do que se imagina, a alegria e a felicidade ocupam menos lugar na mídia do que os seus opostos.

◆ Às vezes eu penso que o inverso da tristeza não é a alegria ou a felicidade, mas a serenidade. Alegria e felicidade são prêmios muito maiores a serem buscados continuamente com empenho. **Serenidade é o estado contínuo de paz sem sofrimento.** Muito próxima de nós, quase uma forma de viver, a serenidade é o primeiro passo para ser feliz.

- Saltar da tristeza para a alegria é uma doença, não uma solução. Podemos chamá-la de "bipolaridade". Sair da tristeza para a serenidade é o verdadeiro caminho da paz de espírito. E da busca da felicidade.

- A serenidade é o descanso do guerreiro que já foi triste. A alegria e a felicidade vêm depois como um prêmio, fruto da serenidade.

- A serenidade restitui o equilíbrio que a tristeza nos tirou. O indivíduo sereno sabe que o equilíbrio pode ser instável e que devemos lutar por ele, buscá-lo em cada minuto. Serenidade, paz e equilíbrio são sinônimos.

- **A tristeza escraviza a alma. A serenidade é a alma de férias.**

- **Segundo Gandhi, "não existe um caminho para a felicidade. A felicidade é o caminho".**

QUAIS SÃO AS SUAS SITUAÇÕES DE STRESS?

- No dia a dia há dezenas de situações que nos tiram o equilíbrio provocando reações indesejáveis de stress. Faça agora sua lista de situações geradoras de stress. Pense, elabore cuidadosamente.

- Depois, pense na forma de mudar a reação a cada item de sua lista.

- Assim você estará treinando neutralizar suas reações negativas substituindo-as por reações positivas.

- Se você for insistente no exercício, ele se tornará um hábito.

- E você viverá mais feliz.

E QUAL É A PRÓXIMA REGRA?

REGRA NÚMERO 2

Faça do projeto de mudar suas reações o centro de sua nova vida.

---

1. De início o projeto exigirá criatividade para mudar as reações.
2. Depois exigirá perseverança para exercitar reações positivas.
3. Com a prática, as reações positivas passarão a ser espontâneas.
4. E finalmente as reações positivas serão automáticas.

QUAIS SÃO OS OBJETIVOS A SEREM ATINGIDOS?

Os objetivos a serem atingidos pela transformação de reações negativas em positivas são:

SERENIDADE, EQUILÍBRIO EMOCIONAL, BOM HUMOR, ALEGRIA, AMOR

(Se isso não é felicidade, é muito próximo dela.)

REGRA NÚMERO 3

O ser humano ideal já existe dentro de você. Suas reações negativas aos fatos duros da vida fizeram com que você o ocultasse. Redescubra este indivíduo dentro de você.

OS TRÊS MAIORES INIMIGOS DA FELICIDADE

São eles: **sofrimento, remorso e inquietude**. Todos parecem gerar o mesmo sentimento de dor, que se contrapõe à felicidade. É como dor de dente na alma. Um sentimento que deve ser compreendido para ser evitado. Na busca da felicidade...

O SOFRIMENTO É INEVITÁVEL?

- O sofrimento é um sentimento real, parte ativa da vida humana, inseparável dela.

- Nascer, envelhecer, adoecer e morrer são sofrimentos inevitáveis. São o ciclo da vida. Temos que, simplesmente, aceitá-los.

- Mas há outros motivos de sofrimentos que surgem ao longo da vida. Estes são evitáveis e devem ser eliminados. São eles:

  TRISTEZA, RAIVA, INVEJA, MEDO, ÓDIO, DESESPERO, DEPRESSÃO, DESÂNIMO, FRUSTRAÇÃO, CULPA

- Para eliminar os sofrimentos evitáveis, precisamos conhecer as suas causas. Freud, há cem anos, revelou essa verdade.

- **O conhecimento da causa do sofrimento o atenua ou até o elimina.**

- Nosso problema principal é o arquivo imenso de experiências ruins que todos carregamos. Desde que nascemos, ou talvez antes, vivemos experiências ruins, que arquivamos, gerando sofrimento.

◆ Por absoluta ignorância, achamos que tudo o que está em nosso arquivo é permanente, não pode ser mudado.

◆ A verdade é que nem tudo pode ser mudado, mas pode ser removido, reparado, revisto, reescrito, reconsiderado.

Nosso arquivo de experiências ruins é produtor de tristeza, raiva, inveja, ódio, desespero, depressão, medo, desânimo, frustração e culpa.

ARQUIVOS DE LEMBRANÇAS RUINS PODEM SER ELIMINADOS DO NOSSO CÉREBRO?

◆ Em computação, qualquer arquivo pode ser deletado. "Deletar" é um anglicismo gerado pelos usuários de computador. Arquivos deletados podem não deixar vestígio.

◆ O cérebro humano funciona de forma diferente. Se existisse em nosso cérebro o botão "delete", a vida seria muito mais fácil.

◆ O cérebro humano processa as experiências e sensações vividas, procura compreendê-las e aceitá-las, salva-as numa espécie de arquivo, classificando suas características boas e más, conferindo-lhes um grau de importância variável. Esse arquivo com o passar do tempo pode ser esquecido, mas não deletado.

- Mesmo os arquivos que causam mais sofrimento podem ser progressivamente esquecidos e sua importância, reduzida. Mas podem ficar resíduos que são marcas que permanecem o resto da vida. Isso ocorre porque o arquivo foi mal armazenado, e o sofrimento gerado por ele pode permanecer, mesmo que lá no fundo do cérebro...

- O cérebro humano precisa processar o arquivo, prepará-lo para uso futuro. É necessário armazenar os arquivos adequadamente, sem lhes tirar a importância, mas também sem supervalorizá-los.

- Da má qualidade de armazenamento dos arquivos é que surgem também os sofrimentos.

- Por isso sempre se pergunte: "Qual será a importância daqui a um ano desse fato que agora me causa tanto sofrimento?". Sofrimentos supervalorizados geram arquivos mal-armazenados que ficam buzinando em nossa cabeça por longos anos.

ATENÇÃO!

Sofrimentos inevitáveis fazem parte de nossa condição humana. Os sofrimentos evitáveis não fazem parte intrínseca do ser humano. Foram provocados aleatoriamente ao longo da vida. Ao contrário do que muitos pensam, a alma humana não foi feita para a dor e o sofrimento. Como todos os espíritos, a alma é feita para voar bem alto, acima das miudezas da vida. E assim como a águia e o condor escolhem o ponto mais alto para seu ninho, o espírito humano também prefere as alturas para sua própria proteção.

DOENÇAS DA ALMA ATINGEM O CORPO E NOS DEIXAM MAIS INFELIZES

Você sabe quais são as doenças da alma?

Raiva, inveja e vaidade. É o *trio maléfico*. Somos corpo, mente e alma, uma união indissolúvel. Por isso doenças da alma terminam afetando o corpo e vice-versa.

Você já ouviu falar do quarteto perigoso?

Solidão, pessimismo, egoísmo e depressão. Os estudos até agora mostram que esses sentimentos são sérios causadores de doenças do corpo e antagonistas da felicidade. Portanto, se você quer ser feliz e viver muito, não seja raivoso, invejoso, vaidoso, solitário, egoísta, pessimista, deprimido.

Você deve conhecer e praticar o quinteto feliz:
Solidariedade, altruísmo, otimismo, generosidade, espiritualidade.

HÁ POSSIBILIDADE DE ELIMINAÇÃO DO SOFRIMENTO?

> Joana foi abusada quando criança por um amigo de seu pai. Sua adolescência foi desastrosa. Drogas, sexo irresponsável e uma longa lista de comportamentos impróprios. Um dia conheceu Carlos, por quem se apaixonou. Era um rapaz equilibrado, estudante de medicina, futuro psiquiatra. Carlos exigiu que Joana fizesse tratamento psicoterápico ao perceber que um sofrimento do passado causava-lhe ainda instabilidade emocional. Os abusos da infância eram um segredo guardado por ela ferozmente, mas na terapia eles terminaram aparecendo e muita coisa se resolveu a partir daí. Seu comportamento agressivo abrandou. Sua instabilidade emocional desapareceu após compreender a causa de tanto sofrimento. Eliminada a causa, desapareceu o sofrimento.
>
> (Depoimento do paciente ao autor)

A ignorância está em não tentar destruir a causa do sofrimento por considerá-la indestrutível. Pior ainda: considerar o sofrimento estável e permanente, tornando-o uma necessidade para o resto da vida. No caso de Joana, tudo foi gerado por uma culpa inexistente.

> **REGRA NÚMERO 4**
>
> Destrua ou pelo menos tente compreender as razões que motivaram o seu sofrimento, só assim ele poderá ser eliminado.

A PSICANÁLISE DA TRISTEZA E DO SOFRIMENTO

Cada um conhece suas próprias fontes de tristeza. Todos nós as temos. Ou por motivos físicos, ou pelo abandono e solidão, desenvolvemos uma verdadeira barreira de sentimentos negativos que passam a dirigir todas as atitudes de nossa vida. **Madre Teresa dizia que as doenças que afligem o ser humano de hoje não são mais a tuberculose e a lepra, mas o abandono, a solidão, a sensação de não se sentir amado.** Em relação à aparência, o que pode parecer defeito para nós pode passar completamente despercebido para outra pessoa. Mas todas essas sensações marcam a nossa vida e terminam gerando perda de autoestima e desvalorização do ego, e com isso vem um caminhão de tristezas. Um amigo dizia: "Estou só, mas não sou só. Deus sempre está comigo. Como posso me sentir sozinho?". Feliz de quem tem fé, pois sua vida torna-se mais simples e mais saudável. A supervalorização de nossas fontes de tristeza termina gerando mágoas duradouras, e muitas vezes recorremos a psicanalistas para abrandá-las. Melancolia é uma hemorragia na alma. Dor psíquica ou melancolia é uma ferida na alma que não cura. As pequenas histórias e depoimentos a seguir servem de teste para você analisar suas fontes de tristeza. Após reconhecê-las, fica muito mais fácil dissipá-las.

É domingo e estou só

Durante toda a minha vida sonhei com domingos ensolarados, família reunida para o almoço, algazarra das crianças e discussões calorosas dos mais velhos sobre política e futebol. Não tive nada disso. É domingo de manhã, meu pior dia da semana, pois invariavelmente estou só. Meus filhos têm suas próprias vidas e não estou incluído nelas. Nesses dias, a saudade que sinto de minha mulher fica insuportável. Ela era o equilíbrio da família, meus filhos a respeitavam. Partiu muito cedo, sem transferir para mim o respeito e a admiração que eles tinham por ela. Por isso, e provavelmente pela minha incompetência, hoje estou completamente só, apesar das privações pelas quais passei para garantir-lhes um futuro melhor do que o meu.

Vou requentar a sopa de ontem. Esse será o meu almoço de domingo "em família"...

(Você ficaria surpreso ao saber quantas vezes ouvi em consultório depoimentos semelhantes.)

Mais uma vez, não fui chamado

Meu nome não emocionou os jovens selecionadores. Nada mais me surpreende. Naquela sala estávamos em dez candidatos; eu era o mais velho, mas certamente também o mais experiente. Meu currículo, em qualquer lugar do mundo considerado invejável, aqui significa apenas entulho sem importância. Minha idade sempre é o motivo principal de veto. Acham que não tenho energia para enfrentar novos desafios. Sou administrador experiente, livrei duas empresas de médio porte das cinzas, dei consultoria para empresários importantes... mas hoje não significo mais nada. O mercado mudou, eles dizem. O que valia há dez anos hoje não tem valor algum, afirmam. O mercado de hoje é triturador, é preciso ter coração forte e cérebro frio. É como não ter aprendido computação na infância e ter a certeza de jamais alcançar esses sortudos da nova geração, que já nascem em cima de um computador. Eu consigo multiplicar números de quatro algarismos de memória e gravo as vinte etapas de um processo com toda a facilidade. No entanto, isso não conta, porque um computador pode fazer mais rápido e com mais eficiência. Fui substituído pela máquina e por jovens que sabem manejá-la.

(Um caso cada vez mais real.)

Pacto suicida

Meus pais morreram em um pacto suicida quando eu tinha três anos. Fui criado pela minha avó, uma pessoa doce e feliz. Levei anos para entender o que acontecera com eles. E ainda mais tempo para perceber que a luta central de minha vida seria anular qualquer traço genético e procurar ser feliz. Hoje, aos cinquenta anos, observo que o que deveria ter sido a herança maldita de minha infância terminou sendo um grande prêmio. Obriguei-me a aprender a felicidade como se aprende a ler ou dirigir. E passei para os meus filhos os princípios positivos que regeram a minha vida. A infelicidade de meus pais despertou-me para a necessidade de minha própria felicidade.

(Depoimento de um paciente.)

Sou feia

Alguns de meus amigos, eu sei, me acham muito feia. Aqui em casa meus irmãos não me poupam desde que éramos crianças. "Jaburu" e "tribufu" são palavras que passei a vida toda ouvindo. Certamente, os anos piores foram os da adolescência. Vi meu corpo se remodelar de forma estranha, como se tivesse sido mal planejado. Tratei meus cabelos de todas as formas possíveis e não melhoraram em nada. Terminei me acostumando com minha feiura.

Meu rosto é sem atrativos. Meus olhos são comuns. Quando entro nos ambientes, passo despercebida, o que é uma vantagem. Seria pior chamar atenção pelo aspecto desagradável. Aliás, o que melhor me define é a palavra "comum". Sou uma mulher comum, com um rosto comum e uma vida mais do que comum. Como não consegui seduzir pela beleza, dediquei-me a estudar, ler e meditar. Dessa forma, lá no meu íntimo, tornei-me incomum. Valorizei mais o ser do que o parecer. Adquiri conhecimento, cultura e sensibilidade, e isso compensou em muito meu aspecto externo.

Há alguns meses encontrei um rapaz também "comum". E também rico em seu interior. O resultado foi que, surpreendentemente, ele viu em mim muito além do que os olhos permitem. Ele diz que sou linda do ângulo pelo qual me admira. Fala que meus olhos são cheios de ternura, e ternura é o que ele está buscando em uma companheira. Diz que minha voz o tranquiliza, pois minha bondade nos envolve em um círculo de afeto. Estamos apaixonados. Casamos e decidimos ter filhos lindos, como nós, não importa com quem se pareçam.

(Beleza ou feiura são relativas. O que é importante é a forma de encará-las. Esta história é pura ficção.)

OS DEMÔNIOS DAS NOSSAS NEUROSES

O caminho da felicidade exige a diminuição do sofrimento, a eliminação de nossas neuroses.

- O Dalai Lama repete constantemente que o objetivo da vida é a felicidade e evitar o sofrimento.

- O sofrimento é geralmente uma manifestação neurótica. A neurose é o produto do armazenamento errado de um fato do passado.

- A neurose hoje é quase um hábito, deixou de ser encarada como doença.

- Enfrentar os demônios das neuroses mal armazenadas no nosso subconsciente reduzirá nosso sofrimento.

- Você já sabe quais são seus dez demônios internos. Vamos repeti-los aqui para que você conheça bem seus inimigos:

TRISTEZA, RAIVA, INVEJA, MEDO, ÓDIO, DESESPERO, DEPRESSÃO, DESÂNIMO, FRUSTRAÇÕES, CULPA.

◆ Nosso imenso arquivo interno armazena cada uma das experiências negativas que geraram esses demônios. Daí vêm muitos dos sofrimentos. A não ser que declaremos morte aos demônios internos! Nossa missão na vida é identificá-los um a um, descobrir suas causas e matá-los impiedosamente.

◆ **Só assim nos tornaremos um ser humano ideal, aquele que conseguiu a maior das vitórias: eliminar o sofrimento de sua vida.**

AINDA A NEUROSE

A neurose arquivada em nosso cérebro é como se tivéssemos dentro de nós um daqueles aborígenes australianos. O "nosso selvagem" está enjaulado dentro de nós, porém a tranca da jaula está por dentro e só ele tem acesso a ela. A qualquer momento pode abri-la e saltar para fora. O selvagem da nossa neurose manifesta-se em muitas situações. Salta na mulher ou no marido agravando uma discussão doméstica sem importância, salta numa disputa no trânsito ou no colega de trabalho da mesa ao lado. É o selvagem da nossa destruição, porque ele só vai se acalmar quando estivermos fazendo a última viagem, para o cemitério. Não há como matar esse selvagem, pois ele é parte de nossa estrutura psíquica. Podemos unicamente domesticá-lo. Aliás, passamos a vida fazendo isso: sofrendo os assédios de nosso selvagem interno e tentando domesticá-lo. Quem consegue domesticá-lo mais cedo vive feliz mais tempo.

FÓRMULAS PRÁTICAS DE ELIMINAÇÃO DO SOFRIMENTO

- O sofrimento, em geral, é devido a uma falsa visão da realidade, que pode ser substituída por uma correta visão da realidade.

- Nosso sofrimento é neurótico. Sofrimentos são respostas a uma falsa visão da realidade.

- A compreensão das origens do sofrimento, o conhecimento de suas causas e como foi armazenada a neurose em nosso cérebro permitem uma recomposição do arquivo. E a eliminação do sofrimento.

- Para Joana, os fatos cinzentos do assédio na infância representavam culpa, autopunição, desespero, depressão. Essa era a visão falsa. A visão correta foi a descoberta da culpa do agressor, de seu péssimo caráter, do qual Joana foi unicamente uma vítima. Joana deixou de ser autora para ser vítima.

- Além de todas as experiências do passado, hoje, mais do que nunca, valores errados nos neurotizam. A necessidade de ascensão social, a busca de status, a luta por bens materiais constituem uma visão falsa da realidade e geram ainda mais sofrimentos e neuroses.

- **Na maior parte das vezes, a busca por bens materiais produz mais perdas do que ganhos.** Somos fascinados por falsas realidades, e a nossa luta por conforto termina por gerar mais neuroses e sofrimento.

- Pior do que o sofrimento neurótico é nos tornarmos dependente dele, torná-lo quase um prazer e curti-lo durante toda a vida.

    Júlio passou fome quando criança. Após a adolescência foi ajudado por um benfeitor que pagou seus estudos e deu-lhe um sentido na vida. Decidiu, então, que nunca mais passaria necessidades. Criativo e trabalhador, fez fortuna rapidamente. Mas não conseguiu identificar quando o bastante era suficiente. Sacrificou amizades, relações pessoais e dois casamentos na tarefa de enriquecer. Não foi feliz. Sua neurose o perseguiu por toda a vida.

CUIDADO COM A COMPULSÃO À REPETIÇÃO

Freud identificou em seus pacientes e descreveu pela primeira vez uma característica da estrutura psíquica: a compulsão à repetição. Todos nós temos a tendência a repetir os erros do passado. Mesmo que estejamos distantes do problema que já vivemos, temos a terrível propensão a repetir os erros e reviver sofrimentos que julgávamos superados. Portanto, esse é mais um desafio da luta contra a neurose e o sofrimento.

A BUSCA DO ESTADO DE "NÃO NEUROSE"

- A diminuição do sofrimento exige a formação de um estado de "não neurose". É difícil, mas não impossível. Todos os que se propuseram com persistência o atingiram.

- Para atingir o estado de "não neurose", às vezes necessitamos da ajuda de um terapeuta, de um guia religioso, de uma família bem constituída, de um emprego prazeroso.

- Pois simplesmente **o estado de não neurose é o portal da felicidade.** Só os realmente corajosos, com verdadeira vontade de mudar, chegam lá. Você pode ser um deles. A decisão é sua.

OS DEGRAUS DA MUDANÇA

- **Você já elaborou sua lista de sofrimentos?** Revise-a agora. Separe em dois grupos: os que você conhece a causa e os que você desconhece.

- Os primeiros serão mais fáceis de serem eliminados. Os demais exigirão concentração e meditação.

- Se você observar com atenção, verá que a maior parte dos sofrimentos se origina **da separação daquilo que amamos e da associação com o que odiamos.**

- Quando o sofrimento gera pensamentos negativos, mesmo anos depois de o fato que causa o sofrimento ter ocorrido, o exercício para mudar esses pensamentos deve ser mais intenso. Aí não se trata apenas de eliminar os pensamentos negativos, mas também de substituí--los por pensamentos positivos.

- Por exemplo: se um acidente destruiu o carro de que eu mais gostei na vida, a cada vez que a memória do acidente retorna devo repetir a frase: estou vivo, que carro maravilhoso que soube me poupar.

- Daqui para frente em sua vida use pensamentos corretos. Não armazene falsas realidades. Interprete com precisão os fatos do dia a dia. Não aumente o seu arquivo com novos sofrimentos.

- Daqui para frente fale corretamente e só quando necessário. A linguagem é sempre fonte de mal-entendidos. **É mais fácil ser feliz sendo silencioso.** Não deixe margem para interpretações erradas do que você diz. Assim você estará evitando muito sofrimento.

- Aja corretamente. Não exagere nem seja tímido. **Aja com o cérebro seguindo o rumo ditado pelo seu coração.** Sempre aja a favor, jamais contra. Não deixe que se criem sentimentos negativos em relação a você.

- Tenha uma vida prazerosa e exalte os sentimentos positivos que ela lhe traz.

- Seja bom. Consigo mesmo, com os outros, com todos. **Que a sua bondade seja a sua marca.**

- Canalize seus esforços para a direção certa. **Não desperdice energia.**

- **Quando um motivo de sofrimento se apresentar, procure graduar sua importância.** O que permanecerá dessa crise atual daqui a seis meses ou um ano? Normalmente os sofrimentos menores se dissipam sozinhos e nem precisam ser arquivados.

- Todo dia procure enfrentar as causas dos sofrimentos que o afligem buscando soluções definitivas. Mas não leve os problemas para a cama à noite. Diga a si próprio: "Até aqui fiz tudo o que podia para resolver. Amanhã retomo a busca de soluções".

◆ **A causa principal do sofrimento é a falsa noção de permanência.** Tudo é mutável. Se as nuvens fossem permanentes, elas não gerariam chuva. Se a semente não brotasse, não haveria colheita. Se a criança permanecesse criança, ela não geraria um adulto. A cada momento somos diferentes, e os sofrimentos surgidos no passado devem permanecer lá, e não se estender pelo resto da vida.

◆ Barreiras mentais podem ser destruídas por essa noção de realidade mutável a cada momento. No exemplo em que falamos sobre Joana, ela foi abusada na infância, mas sua realidade mudou e não há por que trazer do passado cargas negativas que terminarão por contaminar o presente e mudar o futuro para pior.

◆ Barreiras mentais são causadas pela nossa ignorância em entender a natureza da nossa realidade, tornando-a falsa e gerando sofrimento.

◆ Mas o que é a realidade? É a mudança constante. Por isso **o adulto não pode pagar por uma falsa realidade criada na infância.**

- Neste estado de constante transformação que vive o ser humano e a própria natureza, não podemos ficar atrelados a nada, pois no minuto seguinte o que nos prendeu já não existe.

- O mesmo acontece com a prisão gerada pelos bens materiais. Se a necessidade exagerada deles nos causa sofrimentos, eles devem permanecer como apoio em nossa vida, e não ocupar o centro do cenário. Eles também são mutáveis e passageiros.

- O desprendimento nos leva à liberação do sofrimento.

RESUMINDO:

Liberando-nos do sofrimento, seremos mais felizes. A busca da felicidade começa por aí.

PROCURE A FELICIDADE DENTRO DE VOCÊ. E O SOFRIMENTO TAMBÉM

- No Oriente, os budistas usam a meditação como ferramenta de aprofundamento pessoal. A meditação é uma poderosa via de autoconhecimento.

◆ A meditação é fonte de serenidade e calma. Ajuda a compreender os fatos do dia a dia de uma forma mais tranquila e coerente.

◆ No Ocidente, é mais usada a terapia cognitiva, a psicoterapia dirigida por um profissional experiente treinado em levá-lo por essa viagem para dentro de si mesmo. De qualquer forma a viagem é a mesma.

◆ Outra opção é a terapia positiva, sobre a qual falaremos no capítulo 8.

◆ Outros utilizam a oração individual ou coletiva. A frequência ao culto, à igreja, seja ela qual for.

◆ Todos são mecanismos para buscar dentro de você as causas de seus sofrimentos para torná-los inofensivos.

◆ Todos são caminhos para a felicidade.

PARA SER FELIZ, CONTROLE SEUS PENSAMENTOS

◆ Nosso cérebro deveria ser como uma biblioteca. Só nos concentraríamos nos pensamentos que escolhêssemos. Exatamente como quem seleciona um livro na biblioteca.

- Infelizmente não é assim. Nossos pensamentos são involuntários. Nossa mente flutua de um pensamento a outro em uma velocidade extraordinária.

- Os pensamentos que vêm à mente involuntariamente podem ser causa de emoções positivas ao trazerem boas lembranças e de emoções negativas ao recordarem momentos de sofrimento.

- Por exemplo: pensamentos sobre a perda de uma pessoa amada geram sofrimento. Pensamentos sobre a alegria de ter a pessoa amada ao nosso lado geram prazer.

- **Portanto, os pensamentos podem produzir sofrimento. E pensamentos são involuntários, aparecem repentinamente, sem uma razão.**

- Todo ser vivo tem um instinto próprio de preservação. Que procura evitar o sofrimento. Por que nós, humanos, aprendemos a nos ferir, mesmo contra nossos instintos naturais?

- Por que perdemos o sono com pensamentos desagradáveis e dolorosos?

- Por que temos dificuldade de evitar um pensamento doloroso?

- Por que relembramos insistentemente nossas perdas, erros e fracassos?

- Por que não conseguimos evitar pensamentos sobre as incertezas do futuro?

- Tudo isso ocorre contra a nossa vontade porque nossos pensamentos são involuntários, são automaticamente trazidos para a nossa memória direto do subconsciente.

- Ou seja: nosso arquivo de sofrimentos abre-se involuntariamente, sem nosso controle. Nossos traumas, perdas, fracassos, medos estão arquivados e voltam à nossa mente sem nossa intervenção com intensidade proporcional ao tamanho do trauma. Isso prolonga o sofrimento por anos.
  O controle da mente consiste no controle do pensamento. Controlando os pensamentos negativos, a felicidade ocupa seu espaço.

- Fica clara, portanto, a necessidade de pensamentos positivos para substituir os negativos. Não podemos ter pensamentos positivos e negativos ao mesmo tempo. Devemos deixar espaço só para os sentimentos positivos.

- Uma perda pode ser um ganho, dependendo do tempo ou do ângulo pelo qual a apreciamos.

- Os pensamentos espontâneos que surgem em nossa mente são involuntários. Mas os pensamentos que gerarmos para substituir os negativos são totalmente voluntários. Por isso temos que praticar sua elaboração até torná-los automáticos.

- **O exercício é fazer que cada pensamento negativo elabore automaticamente uma resposta positiva.**

- Como os pensamentos negativos vêm do subconsciente, onde estão arquivados, o exercício está em controlá-los, substituindo-os por novos arquivos.

- Outro mecanismo útil é sempre ver o lado positivo de uma situação e compará-lo com os aspectos negativos. Um casal que discute seus problemas com esse enfoque encontrará sempre cinco fatos positivos contra um negativo. Assim fica mais fácil acertar pequenas ou grandes desavenças.

- Há muitos exemplos:
João se separou após um período de desavenças cada vez mais sérias. Meses depois, quando se sentia só, imediatamente procurava comemorar o fim das brigas e discussões. A solidão tornava-se bem mais leve.

A empresa de Antônio faliu. Cada vez que lhe assaltava a memória daquele seu fracasso profissional, imediatamente lembrava que a partir daí seus filhos assumiram suas responsabilidades profissionais e a família estava reunida e feliz.

Joana, ao lembrar-se dos abusos que sofrera na infância, logo agradecia a Deus pelo homem fantástico que estava ao seu lado agora. Carlos, o estudante de medicina que a levara a tratar-se.

Ao lembrarmos quanta sede ou fome passamos em determinado momento da vida, rapidamente devemos evocar o prazer de beber e comer que se seguiu.

◆ Os exemplos se sucedem aos milhares. Faça você também um exercício com aquele que você considera o seu maior sofrimento. Procure o pensamento positivo que substituirá a lembrança de seu sofrimento cada vez que ela surgir.

◆ É um longo e lento aprendizado, mas, sem dúvida, é um atalho no caminho da felicidade.

◆ Compaixão é a palavra mágica para esse aprendizado. Compaixão pelos outros, pelos que nos prejudicaram, pelos que são mais desvalidos do que nós e até pelos mais poderosos. Mas, principalmente, compaixão para consigo mesmo, **aprender a não se levar muito a sério, a pedir perdão e a perdoar.**

- O Dalai Lama diz que ao praticarmos a compaixão pelos outros recebemos um benefício imediato e afirma: "Eu recebo cem por cento de benefício, enquanto o objeto de minha compaixão recebe cinquenta por cento".

REMORSO, UM INIMIGO DA FELICIDADE

- Junto com o sofrimento e a inquietude, o remorso é um poderoso inimigo da felicidade.

- Remorso é o que sentimos quando a mancha do passado não sai da mente. Passado sem retrocesso, sem correção.

- **O passado tem pernas. Ele caminha com você.**

- Corrigir o passado nem sempre é possível. A segunda chance é rara.

- **Os erros do passado ficam gravados em pedra. Os do presente ainda podem ser incinerados.**

- Há algo em seu passado que lhe cause remorso? Enfrente os fatos, procure estudá-los com atenção. Há algo que você ainda possa fazer para corrigi-los?

◆ Em primeiro lugar seja humilde, reconheça seus erros. Tente de todas as formas repará-los.

◆ Se você errou com seu irmão agora já falecido, recompense seus sobrinhos.

◆ Para ter paz, em primeiro lugar você deve levar paz aos prejudicados.

◆ Você deve recuperar-se diante deles. Pedir perdão é uma atitude nobre.

◆ Se não aceitarem, não sofra. Você tentou. Simplesmente procure esquecer tudo e reiniciar sua vida.

◆ Quem não sabe perdoar não merece compensações.

◆ Se o seu erro passado não tiver forma de ser corrigido, aprenda a domesticar seu remorso. Conviva com ele, sem se ferir.

◆ Cada vez que o remorso irreparável lhe assalta, peça perdão no seu íntimo e vá em frente.

◆ Mas nunca repita os erros. Mais erros; mais remorsos. Não entre nesse círculo que Freud chamava "a compulsão à repetição".

- Livre-se da tendência a repetir os erros. É a única forma de evitar o remorso e buscar a felicidade.

  A palavra remorso tem origem latina. É o particípio passado do verbo "remordere", que significa tornar a morder. Significa também dilacerar, ferir, torturar, atormentar. Seu significado nos dá a ideia de como esse sentimento é doloroso e angustiante, e até mesmo da vergonha que o acompanha. Isso vem da consciência de termos agido mal. É a sensação de que dissemos o que não era para ser dito ou fizemos o que não era para ser feito. Remorso pode ser fonte eterna de infelicidade e sofrimento.

A INQUIETUDE, OUTRA FONTE DE INFELICIDADE

- Também conhecida como: **angústia, inquietação, apreensão, agitação, ansiedade, insegurança, nervosismo, incerteza, vulnerabilidade, fragilidade, oscilação, preocupação, irritabilidade, descontentamento.**

- O contrário de inquietude é: **calma, paz, tranquilidade, serenidade.**

Minha inquietude às vezes me assusta. É como se não tivesse conforto em posição alguma. Nunca estou em paz. Quando estou em casa, imagino que teria sido melhor se tivesse saído com amigos. Quando estou com amigos, preferia estar repousando em meu quarto. Estou sempre indeciso sobre qual teria sido a melhor escolha. E depois de tomar a decisão, sofro pensando que talvez não tenha sido a correta. Da mesma forma, conduzo minha profissão aos trancos e barrancos, sem planos estáveis, sempre em sobressalto, esperando o pior. Quase diariamente imagino que serei demitido do meu emprego. O futuro para mim é uma sombra. Entre tantas incertezas, tenho uma única certeza: estou infeliz.

(Depoimento de um paciente)

- A inquietude é geralmente um sentimento vago de antecipação de alguma desgraça, que geralmente termina não ocorrendo.

- Inquietude é própria de indivíduos que sempre estão esperando o pior.

- Pessimistas vivem em inquietude.

- Pessoas propensas à inquietude geralmente são menos felizes.

- Inquietude é uma doença da alma que termina atingindo o corpo. Como? Infarto, derrame e câncer. Inquietude mata.

- Há indivíduos que têm inquietude em sua estrutura psíquica. Estes infelizmente morrem mais cedo. Inquietude é uma forma de stress sem causa definida.

- Quem sente inquietude está descontente sem saber por quê.

- "Inquietude e descontentamento são as primeiras necessidades do progresso." (Thomas Edison)

- Inquietude pode servir de alerta para a necessidade de uma vida melhor, sem angústia.

- Estar descontente consigo mesmo é o primeiro sinal da necessidade de mudar.

- A causa mais comum de inquietude é a incerteza sobre o futuro.

- O primeiro passo para vencer a inquietude é não temer o futuro. Deixá-lo nas mãos de Deus. Como diz o provérbio: "O futuro a Deus pertence".

- "Não tem sentido olhar para trás e pensar: devia ter feito isso ou aquilo, devia ter estado lá. Isso não importa. Vamos inventar o amanhã e parar de nos preocupar com o passado."
(Steve Jobs)

- Se você tem incerteza e angústia sobre seu futuro, invente-o, construa-o como você quer que ele seja. Talvez seja esta a melhor forma de matar sua inquietude.

- "Cada sonho que você deixa para trás é um pedaço do seu futuro que deixa de existir."
(Steve Jobs)

- A inquietude é uma péssima companheira. Vencer a inquietude é alcançar a paz.

- A inquietude está bem definida na frase do poeta:
"O coração que trago em meu peito
não ria se eu lhe disser
é um quero-quero insatisfeito
que nunca sabe o que quer."
(Ouvido do Dr. Caio Flávio Prates da Silveira)

- De um outro poeta:
"Perguntam-me os amigos por que trago a fronte enrugada
é que estou em paz com os homens
e em guerra com minhas entranhas."
(De um poeta espanhol)

- A inquietude não deve ser negada, mas amansada, acalmada.

- Inquietude é, portanto, uma doença perigosa que exige tratamento. Aconselhamento terapêutico psicológico ou psiquiátrico pode ser necessário. Romper com esse mecanismo doloroso de funcionamento exige esforço e talento.

- Mas o primeiro passo é decidir ser feliz.

O TEMPO, ESSE DESTRUIDOR: ELE PODE SER UM PODEROSO INIMIGO DA FELICIDADE

- O tempo é inexorável, não para nunca, não esmorece, não reduz sua velocidade, não atenua sua força destruidora. Há o dia em que a criança se torna adolescente, deixando uma saudade fininha dos brinquedos da infância. Depois vem o dia da maturidade e o adolescente é simplesmente pulverizado. Mas indubitavelmente o pior momento é a chegada dos cabelos brancos, dos lapsos de memória, das dores musculares inexplicadas, das limitações físicas a exercícios antes corriqueiros. O tempo não para, continua sua viagem avassaladora. Esta talvez seja a maior causa de infelicidade do ser humano.

◆ O tique-taque do relógio do tempo é exatamente igual do primeiro choro da criança ao último suspiro do velho. É impessoal, distante, programado como um robô que repete incessantemente as mesmas palavras: sempre, nunca, sempre, nunca. O rico que acumulou bens durante a vida tem o mesmo tratamento do tempo que o pobre cuja existência é um martírio constante, e acelerar o tempo seria abreviar o sofrimento rumo a um fim mais próximo. Os dias de 24 horas são uniformemente distribuídos entre indivíduos competentes sobrecarregados pelo trabalho e os que, simplesmente desocupados, esperam o tempo passar.

◆ O conflito está entre nossa consciência da passagem do tempo e a necessidade de ignorá-la devido à nossa consciência da inevitável finitude.

◆ Há variações na sensação do passar do tempo. Para o amante apaixonado, as horas voam, e o momento da separação, mesmo que temporária, parece estar sempre próximo. E a espera do novo encontro parece interminável. Para o clérigo contemplativo, o tempo é medido em vida eterna, e o que não pode ser executado hoje os séculos executarão. Para o atleta, o tempo é o martírio do esforço, tudo deve ser executado nos 90 minutos de jogo ou nos poucos segundos em busca do novo recorde. Para o investidor, as poucas horas de funcionamento da bolsa voam como pássaros, muitas vezes levando o seu dinheiro. **O tempo é sempre o mesmo, mas a sensação do passar do tempo é completamente individual.**

◆ Como transformar o tempo em um aliado e amigo?

◆ Há algumas formas de domesticar o tempo, de subjugá-lo, de escravizá-lo, dando-lhe a real dimensão que merece, sem supervalorizá-lo.

◆ **A primeira é desenvolver a capacidade de sonhar.** O sonho é intemporal, não é mensurável. Ao sonho tudo é permitido. Quando se sonha, as distâncias desaparecem, e uma viagem de horas é reduzida a segundos. O sonho não tem limites. O sonhador não vê o tempo passar, desaparece a sensação de tempo perdido, suas horas parecem multiplicar-se.

◆ **A segunda forma de escravizar o tempo é cultivar a esperança.** Quem espera por alguma coisa com fé não vê as horas passar, pois tem certeza de que seu sonho será alcançado. Sonho e esperança andam juntos, como irmãos. Ambos destroem os efeitos nefastos do tempo.

◆ **A terceira forma de transformar o tempo em amigo e aliado é acreditar na vida eterna, aceitar simplesmente o fato de que esta vida é uma passagem para outra melhor.** O tempo deixa de ter importância porque as ações que executamos em vida passam a ter significado maior. Quem acredita que a vida continuará vive melhor o momento, sem pressa, sem obsessões e, principalmente, sem ansiedade. A velhice passa a contar menos, é só um processo de transição, e não um período de perdas. A doença é prenúncio de tempos melhores, mais serenos, mais felizes em qualquer dimensão, nesta vida ou em outra.

Portanto, a fé é um forte mecanismo para tornar o tempo um aliado. A fé é insubstituível como forma de escravizar o tempo. **A fé, associada à esperança e ao sonho, torna o tempo um forte gerador de felicidade.**

O MEDO DA MORTE COMO FONTE DE INFELICIDADE

O genial humorista Chico Anísio, ao ser entrevistado durante a longa enfermidade que o acometeu, respondeu simplesmente: "Não tenho medo de morrer. Tenho pena". É a genial resposta de quem amava a vida e sabia tirar o melhor dela. Chico não se arrependia de seus erros e acertos. Disse-me um dia: "A única coisa que eu teria feito diferente em minha vida seria não fumar". Os demais erros e acertos eram parte da vida, suas oportunidades, suas armadilhas, seus momentos de sucesso e insucesso. Altos e baixos todos temos. Fumar foi um erro irreparável para Chico, que amargou uma falta de ar brutal durante anos, necessitando, ao final, de uso contínuo de oxigênio.

- **Quem vive bem tem pena de morrer. Quem vive mal tem medo.**

- **A morte é a única certeza que acompanha o ser humano desde o nascimento.** Tudo o mais se constitui de hipóteses, teorias, previsões; incertezas, portanto. Mas como ter medo da única evidência que nos acompanha toda a vida se sabemos que inevitavelmente ocorrerá?

- "Um dos paradoxos mais irônicos que enfrentamos em nossa vida é o conflito entre a consciência que temos da passagem do tempo e a nossa necessidade de ignorar essa passagem. Lidar com nossa mortalidade é um dos aspectos essenciais de nossa existência." (É o que diz Marcelo Gleiser em *O fim da terra e do céu*.)

O segredo de uma vida sem receios é contabilizar ao fim de cada dia nossas ações positivas e negativas. Se o saldo diário é positivo, nada a temer. Estaremos sempre preparados. Tem mais medo de morrer quem está devendo para si mesmo ou para os outros. Por exemplo, se a minha vida foi muito vazia de ações positivas, tenho medo de morrer sem ter alcançado um saldo positivo. Da mesma forma, se minha tarefa de pai/mãe, de irmão(ã), de filho(a) ou de esposo(a) está incompleta, é lógico que tenha medo de morrer precocemente.

- Indivíduos religiosos ou espiritualizados em geral têm um reduzido medo da morte, pois se sentem com saldo positivo. E porque muitos acreditam que a vida continua após a morte. A fé dá consistência a suas atitudes.

- Se somos infelizes por medo de morrer, é necessária uma profunda reflexão sobre a vida que estamos levando. Provavelmente ela não esteja valendo a pena. Mas, se você tem pena de morrer, agarre-se à vida, ela está sendo valiosa.

SER EXPOSTO À MORTE PODE MELHORAR SUA SATISFAÇÃO DE VIVER

- A situação não é incomum. O diálogo forçado com a morte pode nos tornar mais felizes? Muitos indivíduos que estiveram sob risco de morte vivem o resto de suas vidas de forma diferente.

- Parecem acordar para os aspectos positivos da vida que levavam antes do trauma.

- Passam a valorizar mais a convivência com a família e com os amigos.
- Reduzem a sua percepção de importância em relação aos bens materiais.
- Mudam seus valores ou enaltecem os mais positivos e duradouros em detrimento dos valores materiais.
- Vivem uma vida mais simples, com menos necessidades, pois finalmente compreendem a pouca importância dos valores materiais.
- Passam a prestar mais atenção na natureza e na beleza gratuita que ela nos oferece.
- O risco é deixar cair no esquecimento o trauma sofrido e voltar a viver de forma confusa e errada.
- Outro risco é torná-lo uma obsessão psíquica, lembrando-o constantemente com tristeza e promovendo-o à condição de doença.
- Correr risco de vida pode tornar-se o portal de uma vida melhor. **A proximidade da morte pode nos deixar melhores seres humanos.** É só procurar sempre o lado positivo de tudo o que nos acontece. Presenciei essa mudança inúmeras vezes em meus pacientes transplantados do coração.

A FELICIDADE ESTÁ NA NATUREZA?

◆ Francisco de Assis era uma pessoa diferente, adiante do seu tempo. Em sua missão de reconstruir a Igreja, abandonou riquezas e passou a viver como um mendigo.

◆ Mais do que isso: manteve sua sensibilidade e tornou-se um admirador da natureza.

◆ Irmão sol, irmã lua, irmã serpente etc. Assumiu a natureza como irmã.

◆ Francisco de Assis, apesar dos maus-tratos da vida, era feliz. Seu legado sobrevive há quase mil anos. Transmitiu-nos lições de felicidade.

◆ Francisco foi eleito pelos leitores da prestigiada revista *Time* em 1999 o Homem do Milênio.

◆ **Saber apreciar a natureza é um dom e ao mesmo tempo um exercício.** Quantas vezes um pôr de sol arrasador está acontecendo lá fora e não nos damos o trabalho de abrir as cortinas?

◆ A natureza tem o toque da beleza que atinge diretamente o coração humano. Temos unicamente que prestar atenção nela.

- A natureza se veste de cores as mais variadas para nos agradar. E muda constantemente de tom, de intensidade de luz, para tentar prender nossa atenção.

- A natureza é gratuita. Caminhar pelas ruas entre jardins, ou pelo campo, não custa absolutamente nada. É o menor preço da felicidade.

- A natureza se renova. A flor é efêmera para dar lugar a outras de outras cores e formas.

- A natureza produz flores e cores 365 dias por ano. Não tira férias, não faz feriados.

- Aprender a curtir a natureza é uma missão para todo ser humano.

- Até os animais curtem a natureza mais do que alguns homens. Você já viu um cãozinho aspirando e movimentando o focinho para sentir melhor os odores das plantas?

- Inicie hoje mesmo seu exercício mais barato para ser feliz. Preste atenção à natureza. Ame-a como Francisco de Assis.

A FELICIDADE ESTÁ NA BELEZA?

◆ Os fatos mostram o contrário. Pessoas bonitas de ambos os sexos têm mais dificuldade em firmar relações estáveis.

◆ Parece haver um falso assédio à beleza, o que ocorre pouco com pessoas menos dotadas pela natureza.

◆ A Universidade de Berkeley, na Califórnia, desenvolveu um estudo muito interessante. A partir de fotografias das formandas de 1950, classificaram os rostos em:

1. sorridentes espontâneos
2. sorridentes forçados
3. sérios carrancudos
4. com beleza natural acima da média

As formandas foram depois acompanhadas até a velhice, observando-se nelas:

1. estabilidade no casamento
2. sucesso profissional
3. índice de satisfação de vida

Os resultados trouxeram algumas surpresas:

1. As sorridentes espontâneas tiveram maior sucesso pessoal, familiar e profissional.

2. Beleza não se correlacionou com índices de satisfação de vida elevados e mostrou maior incidência de fracassos nos relacionamentos conjugais.
3. As de sorriso espontâneo foram as grandes vencedoras em todos os quesitos.

- **Portanto, beleza não é fundamental para a felicidade.**

- Há, no entanto, em qualquer ser humano, uma poderosa beleza interior. Esta sim conta muito na busca da felicidade.

- Quais são os componentes dessa beleza interior?

- **Generosidade, sinceridade, simpatia, afetividade, honestidade, companheirismo, simplicidade, estabilidade emocional, caráter, pureza de propósitos.** Essa lista poderia continuar...

- Esses são os **nossos anjos internos**. São os valores mais preciosos que devemos desenvolver ao longo da vida. E multiplicá-los.

- Parodiando e invertendo as palavras de Vinicius de Moraes, eu diria: "Perdoem-me as bonitas, mas beleza não é fundamental para a felicidade".

◆ Flores diferentes são bonitas para pessoas diferentes. Cada um tem seu gosto e sua forma de detectar e admirar a beleza.

◆ Cada pessoa tem sua beleza, mas nem todos conseguem percebê-la.

◆ São os pássaros mais bonitos que terminam em gaiolas.

6
INDIVÍDUOS SOLIDÁRIOS SÃO MAIS FELIZES E VIVEM MAIS

PROVÉRBIO CHINÊS
Se você quer felicidade por uma hora
tire uma soneca
Se você quer felicidade por um dia
vá pescar
Se você quer felicidade por um ano
herde uma fortuna
Se você quer felicidade para o resto da vida
ajude alguém

Um estudo feito na região da Carolina do Norte, nos Estados Unidos, revisou a memória de clubes de serviço como Rotary, Lyons etc. Esses clubes são tradicionalmente ligados à prestação de serviços solidários às suas comunidades. São já centenários, ou quase. Seus arquivos permitiram registrar a atuação individual de seus membros e quantificar seu envolvimento em atos de solidariedade. A surpresa dessa análise foi que indivíduos solidários viveram em média sete anos mais do que os companheiros que só participavam das atividades sociais do clube, como almoços e jantares, sem contribuição solidária aos programas sociais do clube.

- A solidariedade é irmã da felicidade. Andam sempre juntas. A longevidade é a consequência dessa união.

- Atos de solidariedade fazem bem para o cérebro e para o coração. Enriquecem e preservam o corpo, a mente e o espírito.

- O ato de ajudar faz mais bem para quem ajuda do que para quem recebe. Um estudo recente da Universidade de Buffalo (NY) acompanhou pessoas solidárias e os que foram ajudados por elas durante duas décadas. Os resultados mostram que os que foram ajudados não tiveram o mesmo nível de bem-estar e longevidade do que os que ajudaram. Estes se saíram muito melhor.

- Atenção para o provérbio tibetano: "Se você não ajuda seu próximo, suas orações de nada valem".

- Pesquisas feitas nas últimas duas décadas revelam um acentuado consenso: quem se dedica a trabalho voluntário tem duas vezes mais chance de se sentir feliz consigo mesmo. O voluntariado é um poderoso gerador de pessoas felizes.

- Na mesma linha, gentileza leva à felicidade. Fato comprovado por estudos já realizados.

POR QUE NÃO SOMOS SOLIDÁRIOS?

◆ Em primeiro lugar, por preguiça: "Tenho muito a fazer, não tenho condição de visitar meu amigo hospitalizado".

◆ Por receio: "Certamente vou perturbar, vou invadir, por isso não telefono para meu amigo em dificuldades".

◆ Por avareza: "Se eu ligar, ele vai terminar me pedindo dinheiro".

◆ Por não confiar nos amigos: "Se eu estivesse no lugar dele, ele certamente não me telefonaria".

◆ Por egoísmo: "O problema não é meu. Minha família está bem cuidada e tudo está dando certo".

◆ Quantas pessoas poderiam estar sendo salvas por um gesto amigo. Você conhece fatos, relembre-os agora.

◆ Provérbio da Indonésia: "Todos os homens são bons por natureza, principalmente se você não pedir sua ajuda".

◆ Pessoas felizes são disponíveis, estão sempre prontas para ajudar.

CÃES SÃO SOLIDÁRIOS

Ter um cão, conviver diariamente com ele garante sua solidariedade nos maus momentos. Cães entendem quando seus donos adoecem e postam-se solidários ao seu lado. Há inúmeros casos relatados em que o cão permanece por semanas ao lado do túmulo no cemitério ou no local de trabalho de seu dono. Em Barcelona, um indivíduo pobre passava todos os dias pelos restaurantes da cidade com seu cão em busca de restos de comida. Com a morte do dono, seu cão continuou executando a mesma rotina em busca de alimento de restaurante em restaurante pelo resto da vida. O fato chamou a atenção das autoridades e o cão foi tornado propriedade do município e cuidado carinhosamente por todos a partir daí.

Mas o caso mais impressionante ocorreu no Japão e mereceu um filme com Richard Gere. Um cão Akita esperava seu dono diariamente na estação de trem no retorno deste do trabalho. Um dia o dono teve morte súbita dentro do trem sendo levado ao hospital em uma estação anterior. O Akita o esperou inutilmente no lugar de sempre durante semanas, na chuva, na neve, no sol. A comunidade o homenageou com um monumento.

- ◆ A solidariedade dos cães para com seus donos é proverbial. Existem milhares de histórias como essas para confirmar.

- ◆ Outros animais não têm a mesma ligação solidária com o ser humano. Pássaros, por exemplo, raramente têm ligação afetiva com seus donos que os alimentam diariamente. Exceção feita talvez para o papagaio.

- Gatos podem ser afetivos e solidários quando querem. Mas nem sempre querem, são muito independentes.

- Cavalos têm boa memória mas baixa capacidade de se expressar. Apesar de os aficionados relatarem histórias muito interessantes de sua relação com sua montaria.

- O cão é o animal mais solidário e mais afetivo. Além disso, seu convívio contínuo com o ser humano vem ampliando sua inteligência. Um cão adulto, segundo estudo recente, tem a capacidade de adquirir conhecimento similar ao de uma criança de dois anos. Um cachorro comum pode armazenar na memória 165 palavras. Os mais inteligentes chegam a 230 palavras. Um exemplo do crescimento intelectual dos cães é que, ao perderem de vista um brinquedo, eles entendem quando apontamos com o dedo onde está o brinquedo. Nem o chimpanzé consegue essa façanha.

CÁES NAS UTIs

◆ Há UTIs que estudam atualmente os resultados da visita do cão ao seu dono durante o período de doença. Crianças e indivíduos solitários são os que mais se beneficiam com a visita de seus animais de estimação.

◆ Não adianta levar passarinho para o hospital.

7
A ESPIRITUALIDADE, FONTE ETERNA DE FELICIDADE

Cada vez mais estudada pela ciência, a espiritualidade revela-se forte estruturadora da vida humana.

- Espiritualidade não é sinônimo de religiosidade. Espiritualidade é a busca do transcendente, do divino, do sacro, enquanto religiosidade é o culto formal de uma religião. O homem é um ser espiritual por excelência, buscando constantemente estabelecer uma relação com o misterioso, com o desconhecido, com o sobrenatural. Está na essência do ser humano.

- Espiritualidade madura e organizada é um dos componentes do estilo de vida saudável.

- Para se ter saúde, temos que ter corpo, mente e espírito em equilíbrio.

- Cada vez mais, espiritualidade e ciência convergem. As evidências aumentam a cada dia através da publicação de inúmeros estudos.

◆ Vamos relembrar a equação:

> ESTILO DE VIDA
> =
> SAÚDE
> =
> FELICIDADE
> =
> LONGEVIDADE

Espiritualidade é um componente da saúde e do estilo de vida e, por isso, passa a ser um forte mecanismo para se chegar à felicidade.

◆ Já há inúmeros estudos confirmando que pessoas espiritualizadas são as que mais frequentam o quinteto feliz: **solidariedade, otimismo, altruísmo, generosidade e espiritualidade.**

◆ Também já se sabe que pessoas espiritualizadas vivem mais felizes por mais tempo.

◆ A espiritualidade é uma forma superior de desprendimento. **Rompendo com as coisas materiais, o preço da felicidade é bem mais baixo, bem mais acessível.**

O IMPORTANTE PAPEL DA RELIGIOSIDADE E DA ESPIRITUALIDADE NA BUSCA DA FELICIDADE

- Para fins práticos, aqui não fazemos distinção entre religiosidade e espiritualidade. Apesar de serem intrinsecamente diferentes, como já vimos antes.

- **Enquanto espiritualidade é a busca do divino, do transcendente, sem formalismo algum, a religiosidade estabelece rituais e normas para atingi-lo.**

- Sob o ponto de vista da felicidade obtida por quem desenvolve religiosidade e/ou espiritualidade em sua vida, os resultados se superpõem.

- Há um grande número de estudos que avaliam o papel desses componentes na busca da felicidade individual e também coletiva, nas comunidades.

- Harold G. Koenig, pesquisador da Duke University, conseguiu a façanha de reunir todas as pesquisas dando-lhes notas de credibilidade e observando os aspectos positivos de suas observações. Vamos fazer aqui um resumo:

O QUE DIZEM AS PESQUISAS SOBRE ESPIRITUALIDADE E RELIGIOSIDADE

Segundo Harold G. Koenig, o maior cientista na área de religiosidade e espiritualidade e sua influência sobre a saúde:

- Envolvimento religioso relaciona-se diretamente com **bem-estar e felicidade**. São 326 pesquisas, 256 confirmando esse fato (79%).

- Envolvimento religioso relaciona-se mais diretamente com **otimismo**. De 32 estudos, 26 confirmaram esse fato (81%).

- Envolvimento religioso relacionou-se com **maior sentido e propósito na vida**. São 45 estudos no total, com 43 mostrando essa evidência (93%).

- **Estabilidade matrimonial** – Há 79 estudos sobre religiosidade e estabilidade matrimonial. Deles, 68 (86%) mostraram relação positiva entre religiosidade e vida matrimonial mais feliz, com menos divórcios e maior satisfação na vida conjugal.

- Envolvimento religioso relacionou-se fortemente com valores humanos positivos, **como perdão, altruísmo, gratidão, compaixão e gentileza.**

Perdão – De 40 estudos, 34 foram positivos (85%).
Altruísmo e voluntariado – De 47 estudos, 33 foram positivos (70%).
Gratidão, compaixão e gentileza – De 8 estudos existentes, todos foram positivos.

◆ Envolvimento religioso relacionou-se com **maior esperança** ao enfrentar os problemas da vida. Foram 40 estudos, com 29 deles confirmando a observação (73%).

◆ Envolvimento religioso **reduz uso, abuso e dependência de drogas.** São 185 estudos, sendo 155 deles positivos (84%).

◆ Envolvimento religioso reduz ocorrência de **suicídio.** São 141 estudos, sendo 106 positivos (75%).

◆ Envolvimento religioso **reduz incidência de depressão** e leva a uma cura mais rápida quando ela ocorre. São 444 estudos, 272 confirmam esse fato (61%).

◆ Envolvimento religioso **reduz uso, abuso e dependência do álcool.** São 278 trabalhos de pesquisa, sendo 240 positivos (86%).

8
ATITUDES POSITIVAS, FELICIDADE NA CERTA

O ser humano foi dotado de sentimentos positivos, ao contrário do resto da criação. Mas o que impede esses sentimentos de se manifestarem, fazendo com que muitas pessoas se declarem infelizes?

Este é o campo de estudo da psicologia positiva que ganhou terreno a partir de 1990, tornando-se uma especialidade com bases científicas cada vez mais sólidas. Sem pretender se sobrepor ou anular o estudo da doença mental e dos distúrbios psíquicos, a psicologia positiva vem se dedicando a entender o ser humano saudável ou quase, com suas emoções positivas e negativas. Baseada no fato de que a felicidade é uma potencialidade humana e o homem traz em seu genoma os genes da alegria, do prazer, do medo, da raiva e da tristeza, a psicologia positiva procura enaltecer os sentimentos positivos e treiná-los para uma vida mais feliz.

Para Deepak Chopra, médico indiano naturalizado americano, **a felicidade nada mais é do que ter pensamentos positivos a maior parte do tempo.** Quem aprender a cultivar os sentimentos positivos de sua alma será mais feliz. Pessoas felizes são mais saudáveis que as infelizes. Parece que a felicidade provoca alterações químicas no cérebro que exercem efeitos benéficos sobre o corpo. Esses sentimentos parecem não curar doenças, mas pela proteção imunológica que produzem podem evitá-las. Por outro lado, pensamentos negativos ou depressivos causam alterações químicas que prejudicam o corpo. **Escolhendo os bons pensamentos, terminamos interferindo sobre a bioquímica cerebral.** Esse é um exercício completamente viável.

Como os circuitos cerebrais das emoções positivas e negativas são interligados, é possível, por treinamento, estabelecer a supremacia de um sobre outro. Essa é a base científica de se buscar a felicidade substituindo sentimentos negativos por positivos. Já se sabe que os bons sentimentos se localizam na área pré-frontal esquerda do cérebro e que as emoções negativas são processadas na área pré-frontal direita. Cultivando pensamentos felizes, a área esquerda exerce supremacia sobre a outra, que se inibe. Treinar pensamentos e atitudes positivas é essencial para quem busca ser feliz.

FELICIDADE E LONGEVIDADE ANDAM JUNTO COM AS ATITUDES POSITIVAS

Em 1932, a madre superiora da Escola Americana de irmãs de Notre Dame decidiu que todas as noviças deveriam escrever um ensaio autobiográfico descrevendo aspectos de sua vida. Recentemente esses textos foram revisados por psicólogos, que os classificaram de acordo com o número de sentimentos positivos que eles revelavam. Então isso foi comparado com a longevidade das irmãs. Surpreendentemente, a quantidade de sentimentos e emoções positivas de cada texto se correlacionou com a longevidade da autora. Mais sentimentos positivos, maior longevidade. Estudos semelhantes foram realizados na última década e os resultados foram semelhantes. **Uma visão positiva e mais feliz da vida indica a possibilidade de viver por mais tempo.** Os estudos de mapeamento cerebral para a satisfação e a felicidade também correlacionam esses fatores com longevidade.

SER FELIZ É UM EXPERIMENTO E UMA QUESTÃO DE TREINAMENTO

Quem pretende aprender um idioma tem que se exercitar diariamente. Com erros e acertos vai se estabelecendo um padrão de qualidade na reprodução de palavras e na composição de ideias e frases na nova língua. O aprendizado da felicidade não é diferente. Exige exercício diário, também baseado em erros e acertos. Às vezes erramos mais do que acertamos. Isso faz parte do treinamento. É importante, no entanto, evitar repetir erros e aprender com os erros passados. O treinamento é intenso ao longo da vida. Pessoas inteligentes, ou que sabem usar sua inteligência, seja ela qual intensidade tiver, evoluem mais rápido nesse treinamento. Pessoas que desenvolveram o hábito de pensar positivamente tem seu treinamento simplificado.

Isso não é dom natural, sempre pode ser desenvolvido, não importa o cérebro ou a genética que temos.

MAS QUAL O CAMINHO PARA A FELICIDADE?

Se temos compaixão pelos outros e somos gratos pelo que possuímos, por nossa família, por nosso emprego e pela vida que levamos, estamos mais próximos de ser felizes. Mesmo em tempos difíceis, essas qualidades são essenciais e até mais importantes. As religiões vêm transmitindo ao ser humano compaixão e aceitação, algumas delas, como o budismo, há quase 3 mil anos. A liberação de forças internas positivas propiciada pelas religiões torna o ser humano melhor. E mais feliz. Tudo indica que este será o grande tema de discussão no século XXI, em que nitidamente há um crescimento da religiosidade nas nações mais pobres. Mas temos que, de alguma forma, apagar as cicatrizes do individualismo gerado pelo século XX, que nos levará até 2020 a ter a depressão como a maior doença incapacitante no mundo. **O ser humano conquistou seu planeta, desbravou-o, mas está tendo enorme dificuldade de conquistar a si mesmo, de conhecer melhor sua alma.**

EXISTE A PÍLULA DA FELICIDADE?

Apesar de termos evoluído no conhecimento do metabolismo cerebral, ainda estamos longe de conhecer o interruptor do sofrimento localizado em nosso cérebro. Há evidências de que os hormônios do bom humor, a serotonina e a dopamina, conseguem se contrapor à depressão. As drogas que executam essa ação aumentando a produção ou economizando serotonina são chamadas de antidepressivos. Ao ser lançado o Prozac, um dos primeiros antidepressivos eficientes, falava-se que havia chegado a pílula da felicidade. Não é bem assim. Prozac e todos os antidepressivos que se seguiram, com maior ou menor efeito e com muitos efeitos colaterais, são drogas que atenuam a sensação de sofrimento mas raramente a eliminam. Prescreve-se hoje um número excessivo de receitas de antidepressivos, o que, talvez pelos erros de indicação, frequentemente não funciona. Portanto, a pílula da felicidade ainda não existe.

9
ALGUMAS INFORMAÇÕES SOBRE FELICIDADE JÁ CONFIRMADAS PELAS PESQUISAS

Neste capítulo mencionaremos algumas pesquisas sobre felicidade feitas nos últimos anos, indicando o seu autor.

- "Pessoas idosas que têm vida religiosa ativa apresentam maior bem-estar em suas vidas. Sua intensidade de satisfação de vida correlaciona-se com a intensidade de sua participação religiosa." (Koenig)

- "Tudo indica que a capacidade de adaptação aumenta a satisfação da vida. Os idosos que se adaptam à sua nova realidade vivem mais e são mais felizes. Na busca da satisfação pessoal, adaptação parece ser mais importante do que aspectos financeiros ou relacionamentos." (Clark)

- "Ter objetivos parece ser um determinador de satisfação. Mesmo que os objetivos não se realizem. O importante é tê-los e persegui-los." (Emmons)

- "Em uma antiga pesquisa com questionários, foi observado que os recursos materiais eram nove vezes menos importantes para felicidade do que o afeto da família e dos amigos." (Diener)

- "Relações de amizade sinceras e íntimas são os fatores mais relevantes para a felicidade. Se você se sente próximo de outras pessoas, você tem quatro vezes mais chances de se sentir bem consigo mesmo." (Magen)

- "Quem se sente mais feliz: a mulher que toma conta da casa e dos filhos ou a que tem uma profissão? A surpresa é que essa pesquisa demonstrou que, se a mulher se sente competente naquilo que faz, a felicidade existe em ambas as situações. Prazer em qualquer tipo de trabalho leva à felicidade na certa." (Haw)

- "Ter um propósito na vida é fonte de felicidade. Curiosamente, entre os que têm um propósito bem estabelecido, 70% sentem-se felizes. E, entre os que não têm, 70% sentem-se infelizes." (Lepper)

- "Interagir com pessoas que tenham os mesmos problemas que você lhe dá 50% de chance de melhorar seus problemas. Os que não interagem não melhoram." (Hunter)

- A Dra. Becca Levy, da Universidade de Yale, aplicou periodicamente durante vinte anos um questionário a um grupo de pacientes. Uma única pergunta era feita: "Você concorda que na medida em que o tempo passa você se torna cada vez menos útil?". Os que não concordaram e sentiam-se úteis e com um propósito claro na vida viveram em média 7,5 anos mais do que os demais.

- "Pesquisa feita entre indivíduos desempregados mostrou que o apoio familiar e de amigos tornou o tempo de duração do período de desemprego menos importante." (Dekovic)

- "Gostar do que se tem não importando quantidade e valor é o melhor cenário para ser feliz. As pessoas que gostam do que possuem têm chances duas vezes maiores de ser feliz do que aquelas que possuem muito e não valorizam. Estas com frequência apresentam o fastio do muito, acumulando insatisfações." (Sirgy)

- "Aceitar mudanças com otimismo gera 35% mais chances de satisfação do que simplesmente evitar mudar." (Minetti)

- "Conviver e fazer parte de um grupo confiável aumenta em 7% a confiança e a satisfação de vida pessoal." (Coghlan)

- "A influência da atitude positiva sobre os índices de satisfação vem sendo estudada há muito. Pesquisas realizadas com milhares de americanos mostram que as pessoas felizes não estão imunes a acontecimentos negativos. O que as difere das infelizes é a forma otimista de encarar os maus momentos com otimismo." (Bless)

- "Assistir televisão em excesso pode triplicar a ânsia consumista e reduzir a satisfação pessoal." (Wu)

- "Em um estudo feito com mulheres com empregos semelhantes, as que trabalhavam por prazer e por vocação apresentavam índice de satisfação de vida 28% mais alto." (Thakar)

- "Indivíduos competitivos são mais infelizes do que os demais, porque seu nível de exigência é muito alto e não se alegram tanto com os sucessos, mas se desesperam com os fracassos." (Thurman)

- "Entrevistas feitas ao longo do tempo com um grupo de advogados demonstraram que à medida que diminuíam o interesse pela carreira e aumentavam o cuidado com a família apresentavam uma satisfação de vida 29% maior." (Adams)

- "As pessoas que têm sólidas crenças religiosas estão em geral satisfeitas com a vida, enquanto as que não têm religião estão geralmente insatisfeitas." (Gerwood)

- "Inúmeros estudos demonstram que práticas religiosas ativas associam-se a vidas mais longas, mais saudáveis e mais felizes." (Koenig)

- "Torcer por um time local aumenta a satisfação de vida por compartilhar o mesmo interesse de outras pessoas da comunidade." (Shank)

- "Ouvir uma boa música causa satisfação em 90% das pessoas." (Hakanen)

- "Existe correlação direta entre gentileza e felicidade. Pessoas gentis têm nível mais alto de bem-estar." (Lyubomirsky)

◆ "Em uma fábrica de calçados foi instituída uma ideia genial. Cada funcionário, ao chegar a sua mesa de trabalho ou a sua máquina, levantava uma bandeira com um dos dois rostinhos clássicos: rosto sorrindo ou rosto triste, de acordo com seu estado de espírito daquele dia. Observou-se que os rostos sorrindo aumentavam durante o dia, contagiados pelos colegas de trabalho. Temos tendência a imitar o que vemos ao redor. Por isso ambientes sorridentes são mais saudáveis e felizes." (Marlin Kohlrauch)

O pensamento positivo é um forte motivador da felicidade. Pessoas infelizes curtem mais os seus insucessos e superdimensionam suas derrotas. Os mais felizes sabem rir de seus fracassos.

10
OS ERROS MAIS COMUNS SOBRE FELICIDADE

Felicidade é uma arte a ser aprendida, inclusive através dos erros que cometemos e procurando não os repetir.

◆ **Tenho uma grande empresa, uma casa maravilhosa, uma família que me ama, propriedades, dinheiro e, mesmo assim, não me sinto feliz.** – Essa é a revelação que inúmeras pessoas fazem aos seus médicos. Apesar de terem praticamente tudo que o mundo pode lhes oferecer, falta-lhes alegria e paz interior. O cérebro humano é complexo, ainda não localizamos o "botão da mudança" que, ao ser pressionado, leva o indivíduo a fazer as escolhas certas que lhe trarão a esperada felicidade. Cuidado! Isso pode ser uma depressão atípica se manifestando.

◆ **Eu era pobre, muito pobre. Quando ganhei na Mega-Sena, achei que todos os meus problemas estavam resolvidos. Na realidade, eles estavam apenas começando.** – Todos nós já assistimos na TV a testemunhos assim. Isso pode estar confirmando o velho provérbio: "Dinheiro não traz felicidade". Neste caso, pessoalmente, não concordo. O que traz a infelicidade são as escolhas erradas. Por ser inexperiente, não ter noção do valor do dinheiro e de sua fugacidade, o ganhador da Mega-Sena vê esboroar-se à sua frente o seu castelo dos sonhos. A "ambição do ter" causa forte cegueira ao cérebro. Indivíduos que colocam suas ambições no topo de suas escolhas são inevitavelmente mais infelizes.

◆ **Quando eu comprar um carro igual ao do meu vizinho terei, finalmente, atingido o momento mais feliz de minha vida.** – De novo, escolhas erradas. Se sua felicidade depende de um automóvel, melhor ir se suicidando logo. Sabe por quê? Quando você tiver conseguido "aquele" carro, seu vizinho já terá comprado outro ainda melhor e sua luta não terminará nunca. Esse é o "fator inveja", muito bem descrito pelo economista inglês Richard Layard. O fator inveja é um dos grandes motivos de frustração e infelicidade. Escolhas certas, baseadas em nossas possibilidades financeiras reais, sem levar em conta os progressos do vizinho, são a base real para uma felicidade estável e duradoura.

- **O maior objetivo da minha vida é a minha aposentadoria.** – Cuidado, você pode não chegar lá, pois sua escolha foi errada. Pense, ao contrário, em viver muito bem o dia de hoje. Em sentir-se realizado por ter feito com prazer todas as suas tarefas, em paz consigo mesmo por ter cumprido sua missão. E guarde seus recursos religiosamente para quando estiver aposentado. Mas nunca espere ser feliz só depois da aposentadoria.

- **Eu era feliz e não sabia.** – Essa é a frase clássica de quem não prestou atenção na própria felicidade. Não ver a felicidade passando é um erro mais comum do que se pensa. Às vezes é possível recuperá-la, outras vezes há uma cascata de erros irreversíveis. Por isso, pergunte-se diariamente: não estou deixando a felicidade passar? O que posso fazer para aumentar ainda mais o estado de felicidade em que vivo?

- **Pretendo ser feliz um dia.** – Outro erro clássico. Ou consigo ser feliz todos os dias ou não chegarei nunca à tal felicidade. Não existe o **Porto Felicidade** ou a **Estação Felicidade**. Felicidade é a viagem e não a chegada, a meta final. Quem espera ser feliz um dia não o será nunca.

- **Os habitantes das nações mais ricas são mais felizes.** – Não é verdade. Como vimos anteriormente, estudos feitos nos Estados Unidos, uma das nações mais ricas do mundo, demonstram o contrário. O índice de satisfação de vida vem sendo medido há sessenta anos e tem permanecido estável o percentual de pessoas realmente felizes e satisfeitas. Nesse mesmo período, a renda pessoal, o poder aquisitivo, aumentou quase três vezes. Dinheiro e felicidade não andam juntos. Facilmente confundimos conforto e opções de lazer com felicidade. Nada a ver.

- **Estou mais feliz depois que comecei a ganhar melhor.** – De novo há confusão de felicidade com conforto. Posso dizer ter melhorado minha qualidade de vida após estar ganhando melhor. Qualidade de vida tem tudo a ver com conforto, mas está longe do que compreendemos por felicidade. Alguém morando em um local distante, em uma fazenda, por exemplo, sem luz elétrica, telefone, água tratada, sem televisão ou jornal, pode ser mais feliz e viver mais tempo do que uma pessoa que disponha de tudo isso.

- **Este emprego vai terminar me matando.** – "Trabalho não mata, o que mata é a raiva do trabalho." Essa é a frase mais notória do ilustre brasileiro Adib Jatene, ex-ministro da Saúde. Não é o emprego que vai terminar me matando, mas a raiva e a infelicidade que ele está gerando em mim. Ninguém é obrigado a manter-se infeliz. O único jeito é buscar outros caminhos enquanto há tempo.

- **Se não fosse o problema financeiro, eu estaria completamente feliz.** – Essa é uma grande verdade. Viver dentro do orçamento é um sinal de inteligência. Não ceder aos apelos do consumo exige força de vontade. Quem não inicia uma dívida não se queixará dela.

- **Dinheiro não traz felicidade.** – De novo o dinheiro. Vamos mudar um pouco a perspectiva. Por que não posso ser feliz sendo rico? Claro que posso. É tudo uma questão de opção por um estilo de vida saudável, sem assumir o "fastio do muito", tão comum em indivíduos ricos e materializados. Posso ser rico e ter valores humanos e espirituais positivos, o que me leva à felicidade. É tudo uma questão de prevenir a contaminação pelos valores materiais negativos e suas consequências. É a isso que se referia Jesus Cristo quando falava que é mais fácil um camelo passar pelo buraco de uma agulha do que um rico entrar no reino dos céus.

◆ **Só posso fazer os outros felizes se eu mesmo for feliz.** – Pois a história parece ser exatamente o contrário. *Só serei feliz depois de fazer os outros felizes.* Fica cada vez mais claro que não existe felicidade individual. A felicidade é sempre um sentimento coletivo e sempre um caminho de duas mãos entre as pessoas. Esta talvez seja a mais importante lei da felicidade: só depois de fazer felizes os que me cercam eu encontrarei a minha felicidade.

◆ **Quando eu encontrar o amor, serei feliz.** – Esse é outro mito muito comum entre as pessoas. Entretanto, a verdade parece mostrar o contrário, pois só pessoas felizes encontram mais facilmente o amor estável, compensador e duradouro. A situação contrária, ser feliz após encontrar o amor, é muito mais rara. A felicidade nos prepara para o amor. Quem procura continuamente ser feliz termina por encontrar o amor.

◆ **Rico é um indivíduo que tem muito das mesmas coisas.** – Ouvi essa frase em algum lugar e achei-a exata. O ideal é ter um pouco de tudo, e não tudo de um pouco. Felicidade está na diversidade. Com ou sem dinheiro. Por exemplo, se tenho prazer em acumular ações de empresas e enriquecer com elas e não tenho outras alegrias, sou na verdade muito pobre.

- **Há duas maneiras de ser rico: uma é ter realmente muito dinheiro. A outra é estar muito feliz com o que se tem, não importa quanto.** – O conceito de riqueza é completamente individual, assim como o de felicidade. Com muito pouco pode-se ser rico e feliz.

- **Eu era infeliz e não sabia.** – Alguns melancólicos pensam que nasceram assim e assim devem continuar toda a vida. Nem suspeitam de que carregam uma carga extra absolutamente desnecessária. Um dia acordam do pesadelo e decidem ser felizes. Muitas vezes necessitam de ajuda profissional para chegar à felicidade.

- **A maioria das pessoas é tão feliz quanto decide ser.** – Correto! A felicidade é uma escolha. O autor dessa frase enfrentou inúmeros problemas na vida. A infância pobre, a juventude trabalhando como lenhador, a morte precoce de sua noiva, a derrota nas eleições e após, já como presidente de seu país, uma devastadora guerra civil. Seu nome? Abraham Lincoln, reverenciado até hoje como um dos grandes personagens da história mundial. Durante um período de sua vida, Lincoln estava tão depressivo que considerou seriamente o suicídio. No entanto, escolheu ser feliz e lutou para isso. Ao ser assassinado no exercício da presidência, Lincoln vivia em paz consigo mesmo e admirado pela população de seu país.

11
O HUMOR COMO TERAPIA
A RISOTERAPIA

Aqueles que diziam que rir é o melhor remédio estavam certos.

- "A raça humana tem uma arma verdadeiramente efetiva, e essa arma é o riso." (Mark Twain)

- O bom humor é remédio para muita doença. Você sabia disso?

- Segundo a Dra. Judith Kupersmith, da equipe médica de Neuropsiquiatria da Universidade Técnica do Texas, o bom humor é um bloqueador natural de substâncias que interferem negativamente em nosso psiquismo e também em nosso organismo.

- O bom humor reduz a pressão sanguínea.

- Diminui os níveis de hormônios do stress, reduzindo a ansiedade.

- Melhora as defesas, protegendo o sistema imunológico.

- Quanto mais stress se tem, menos capacidade existe para combater as infecções.

- O humor pode bloquear a dor, aumentando a secreção de endorfinas, que são hormônios produzidos pelo organismo que atuam como analgésicos e reguladores da resposta física ao stress.

- O riso e o bom humor também desviam a atenção do paciente do foco da dor e ajudam no relaxamento muscular, diminuindo a tensão, de tal forma que a dor é reduzida em intensidade subjetiva.

- Bom humor e exercício estão sendo utilizados por Diana Stumm, terapeuta física da Universidade de Stanford e autora do livro *Recovering from Breast Surgery* [*Recuperando-se da cirurgia de mama*], para aliviar a dor e fortalecer pacientes que tenham sofrido cirurgias de câncer de mama.

- Talvez se possa afirmar que uma paciente terá mais chance de sobreviver a longo prazo do câncer de mama se tiver bom humor e confiança em si mesma.

◆ Observando os efeitos do riso por um certo período de tempo em pacientes com câncer, os investigadores puderam comparar exames de sangue e encontraram um sistema imunológico mais saudável nas pessoas que riem com mais frequência.

◆ Já existe um bom número de estudos correlacionando o riso com a saúde. Criou-se até a *risoterapia*, uma nova forma de tratamento.

◆ Um exemplo desses estudos é o que observou indivíduos em encontros sociais, selecionando os mais e os menos risonhos. Surpresa! Os que não riam eram justamente os portadores de maior intensidade de aterosclerose e doença nas coronárias.

◆ Outro estudo feito em diabéticos adultos demonstrou que uma sessão de comédia reduzia a glicose após as refeições.

◆ Porém, o estudo mais interessante foi feito com indivíduos submetidos a uma sessão de comédia e posteriormente a um drama. Foi estudada a circulação arterial logo após os filmes terem sido apresentados. Observou-se que após a comédia havia 47% a mais de dilatação arterial, enquanto após o drama havia 47% a mais de vasoconstrição. Vasodilatação é saudável, significa relaxamento, enquanto vasoconstrição significa aumento da pressão arterial.

- Uma coisa que poucos sabem é que em quinze minutos de risadas gastamos quarenta quilocalorias. Portanto, rir emagrece!

- "Rir de tudo é coisa de tontos, mas não rir de nada é coisa dos estúpidos." (Erasmo de Rotterdam)

- "Toda alegria é uma vitória, e uma vitória é uma vitória, por menor que seja." (Robert Browning)

E agora, um momento de descontração:

- "A verdadeira felicidade está nas pequenas coisas... Um pequeno iate, um pequeno Rolex, uma pequena mansão, uma pequena fortuna..." Essa frase de autor anônimo serve unicamente como risoterapia. Rir sempre é o melhor remédio...

12
LIÇÕES DE FELICIDADE EM FRASES CURTAS

"A felicidade é o subproduto do esforço de fazer o próximo feliz."

GRETA PALMER

"Não há dever tão esquecido quanto o dever de ser feliz."

ROBERT-LOUIS STEVENSON

"Felicidade é a certeza de que a nossa vida não está passando inutilmente."

ERICO VERISSIMO

"Poucos são os que nunca tiveram uma oportunidade de alcançar a felicidade – e menos ainda os que aproveitaram essa oportunidade."

ANDRÉ MAUROIS

"Não temos o direito de consumir felicidade sem produzi-la."

GEORGE BERNARD SHAW

"Quem conhece a felicidade não consegue mais aceitar humildemente a tristeza."

PAULO COELHO

"A felicidade consiste em conhecer seus limites e aceitá-los."

ROMAIN ROLLAND

"A busca da felicidade é pessoal, e não um modelo que possamos dar para os outros."

PAULO COELHO

"Um dos segredos da felicidade é não fazer de um aborrecimento uma desgraça."

FRANÇOISE GIROUD

"Ser feliz é uma forma de ser sábio."

JEAN DE LA FONTAINE

"O verdadeiro segredo da felicidade consiste em exigir muito de si mesmo e pouco dos outros."

IVES VAET

"A esperança é uma espécie de felicidade."

SAMUEL JOHNSON

"Não é a nossa condição social, mas a qualidade da nossa alma que nos torna felizes."

VOLTAIRE

"Não existe um caminho para a felicidade. A felicidade é o caminho."

MAHATMA GANDHI

"Se queres ser feliz amanhã, tenta hoje mesmo."

LIANG TZU

"Ficar sem alguma das coisas que você quer é parte indispensável da felicidade."

BERTRAND RUSSELL

"A nossa felicidade depende de nossa liberdade."

MAURICE MAETERLINCK

"Conseguir o que se deseja é triunfo. Desejar só aquilo que se tem é felicidade."

JEAN ROSTAND

"Em vão buscamos ao longe a felicidade, se não plantamos nosso próprio jardim."

SANTO AGOSTINHO

"Uma das chaves da felicidade é sabermos apreciar as coisas que possuímos."
WILLIAM SCOTT

"A felicidade é tão exigente quanto a esposa legítima."
JEAN GIRAUDOUX

"A irmã da saúde é a alegria."
ALFRED DE MUSSET

"Quem é feliz não o sente/ e nunca sabe que o é!"
AFONSO LOPES DE ALMEIDA

"Felicidade é ter o que fazer."
ARISTÓTELES

"A felicidade nunca é grandiosa."
ALDOUS HUXLEY

"A felicidade se compõe de desgraças evitadas."
ALPHONSE KARR

"A felicidade nunca é triste nem alegre. É a felicidade."
ARMAND SALACROU

"Felicidade é boa saúde e péssima memória."
INGRID BERGMAN

"Os que creem no impossível são mais felizes."
EUGÉNIE DE GUÉRIN

"A felicidade é uma flor que não é preciso colher."
ANDRÉ MAUROIS

"Tanto vale o homem quanto seu conceito de felicidade."
ARTHUR GRAF

"Quanto mais felizes somos, menos atenção prestamos à nossa felicidade."
ALBERTO MORAVIA

"Um momento de felicidade vale mais que mil anos de celebridade."
VOLTAIRE

"A felicidade é como as neblinas ligeiras: quando estamos dentro delas, não as vemos."
AMADO NERVO

"A verdadeira felicidade custa pouco; se é cara, é de boa categoria."
FRANÇOIS RENÉ DE CHATEAUBRIAND

"Uma das chaves da felicidade é a falta de memória."
RITA MAE BROWN

"Feliz o que pode conhecer as causas das coisas."
VIRGÍLIO

"A felicidade não passa, afinal de contas, de um certo sutil equilíbrio entre o que a gente é e o que tem."
J. H. DENISON

"Uma das vantagens de não ser feliz é que se pode desejar a felicidade."
MIGUEL DE UNAMUNO

"A felicidade consiste em continuar desejando o que se possui."
SANTO AGOSTINHO

"A felicidade odeia os tímidos."
EUGENE O'NEILL

"Nunca somos mais felizes do que quando acreditamos ser."

LEGRAND

"A felicidade pode demorar a chegar, mas o importante é que ela venha para ficar e não esteja só de passagem, como acontece com muitas pessoas que apenas cruzam nosso caminho."

LUIS F. VERISSIMO

"Otimismo e felicidade é aquela forma mágica de viver que nos faz imaginar um lindo cavalo até ao pisarmos no seu excremento."

AUTOR DESCONHECIDO

"A felicidade não depende do que nos falta, mas do bom uso que fazemos do que temos."

THOMAS HARDY

"Todo homem que pensa que o que tem é insuficiente é um homem infeliz, ainda que seja dono do mundo inteiro."

EPICURO

"A principal característica da felicidade genuína é a paz interior."

DALAI LAMA

"Felicidade é um estado de plenitude que vem de dentro e não depende de coisas externas ou posses. Para alcançá-la basta parar de olhar para fora de si, mergulhar profundamente no seu coração, meditar, escolher atitudes que favoreçam as outras pessoas e descobrir que felicidade é o resultado de nossas ações."

DEEPAK CHOPRA

"A felicidade é um bem que se multiplica ao ser dividido."

MAXWELL MALTZ

"Felicidade é a única coisa que podemos dar sem possuir."

VOLTAIRE

"A nossa felicidade depende mais do que temos em nossa cabeça do que nos nossos bolsos."

ARTHUR SCHOPENHAUER

"Nunca se é tão feliz nem tão infeliz como se imagina."
>   François de La Rochefoucauld

"A felicidade não é fruto da paz, ela é a própria paz."
>   Alain
>   (pseudônimo de Émile-Auguste Chartier)

"A felicidade está em conhecer os nossos limites e em respeitá-los."
>   Romain Rolland

"O heroísmo de pouco vale, a felicidade é mais difícil."
>   Albert Camus

"Há duas épocas na vida, a infância e a velhice, em que a felicidade está numa caixa de bombons."
>   Carlos Drummond de Andrade

"Ser feliz sem motivo é a mais autêntica forma de felicidade."
>   Carlos Drummond de Andrade

"Poucos são os que nunca tiveram uma oportunidade de alcançar a felicidade e menos ainda os que aproveitaram essa oportunidade."

ANDRÉ MAUROIS

"A felicidade solitária não é felicidade."

BORIS PASTERNAK

"Se considero quanto me custa a ideia de deixar a vida, devo ter sido mais feliz do que pensava."

CLAUDE AVELINE

"A felicidade é para quem se basta a si próprio."

ARISTÓTELES

"Na vida de um homem não há dois momentos de prazer parecidos, tal como não há duas folhas na mesma árvore exatamente iguais."

HONORÉ DE BALZAC

"A felicidade é igual, quer se encontre numa pessoa rica quer numa de condição humilde."

EURÍPIDES

"Não há que ter vergonha de preferir a felicidade."

Albert Camus

"A felicidade para mim consiste em gozar de boa saúde, em dormir sem medo e acordar sem angústia."

Françoise Sagan

"A felicidade é uma obra-prima: o menor erro falseia-a, a menor hesitação altera-a, a menor falta de delicadeza desfeia-a, a menor palermice embrutece-a."

Marguerite Yourcenar

"A felicidade não é um luxo: está em nós como nós próprios."

Paul Claudel

"Quanto mais se é feliz, menos se presta atenção à felicidade."

Alberto Moravia

"A felicidade e a infelicidade vêm de nós próprios."

Meng Tse

"Aquilo a que chamamos felicidade consiste na harmonia e na serenidade, na consciência de uma finalidade, numa orientação positiva, convencida e decidida do espírito, ou seja, na paz da alma."

THOMAS MANN

"Na vida só há um modo de ser feliz. Viver para os outros."

LEON TOLSTÓI

"A razão pela qual algumas pessoas acham tão difícil serem felizes é porque estão sempre a julgar o passado melhor do que foi, o presente pior do que é e o futuro melhor do que será."

MARCEL PAGNOL

"A felicidade é como a saúde: se não sentes a falta dela, significa que ela existe."

IVAN TURGUÊNIEV

"Não se pode acreditar que é possível ser feliz procurando a infelicidade alheia."

SÊNECA

"Não é feliz quem não se considera como tal."
PÚBLIO SIRO

"A felicidade não consiste em fazer o que gostamos, mas em gostarmos do que fazemos."
NOEL CLARASÓ

"Na plenitude da felicidade, cada dia é uma vida inteira."
JOHANN WOLFGANG VON GOETHE

"A felicidade não é um prêmio da virtude, é a própria virtude."
BARUCH SPINOZA

"A espécie de felicidade de que preciso não é fazer o que quero, mas não fazer o que não quero."
JEAN-JACQUES ROUSSEAU

"Aquele que de algum modo condena o seu semelhante à felicidade – é feliz."
DENIS DIDEROT

"O prazer pode apoiar-se sobre a ilusão, mas a felicidade repousa sobre a realidade."
SÉBASTIEN-ROCH CHAMFORT

"Sejamos bons e depois seremos felizes. Ninguém recebe o prêmio sem primeiro fazer por isso."

Jean-Jacques Rousseau

"A esperança é um empréstimo que se pede à felicidade."

Antoine de Rivarol

"O drama do homem é o de ser limitado nos meios e infinito nos desejos; assim, não pode ser plenamente feliz."

François de La Rochefoucauld

"O mais feliz dos felizes é aquele que faz os outros felizes."

Alexandre Dumas

"Se quiséssemos ser apenas felizes, isso não seria difícil. Mas como queremos ficar mais felizes do que os outros, é difícil, porque achamos os outros mais felizes do que realmente são."

Montesquieu

"A maior felicidade é quando a pessoa sabe por que é infeliz."

Fiódor Dostoiévski

"A felicidade não é uma recompensa, é uma consequência."

ROBERT INGERSOLL

"É bem difícil descobrir o que gera a felicidade; pobreza e riqueza falharam nisso."

ELBERT HUBBARD

"Infelizmente só posso comprar o que está à venda, senão há muito tempo que teria comprado um pouco de felicidade."

JEAN PAUL GETTY

"A felicidade está em usufruir, não apenas em possuir."

MICHEL DE MONTAIGNE

13
RESUMINDO...

Faremos agora um resumo dos fatos mais importantes apresentados neste livro. Para dar-lhes mais relevância, vamos chamá-los "leis da felicidade". Pretensiosamente... Todos nós sabemos que para os seres humanos em geral as leis são relativas. Mas para você que se julga infeliz estas "leis" são fundamentais para que você viva melhor e por mais tempo.

AS LEIS DO BEM-ESTAR E DA FELICIDADE

1. Só serei feliz se me preocupar com a felicidade dos que me cercam.

É uma lei ainda pouco conhecida mas certamente a mais importante. A felicidade nunca é egoísta, é sempre um sentimento coletivo.

2. A saúde da alma é que conduz à saúde do corpo e à felicidade.

A felicidade começa sempre pela alma e pela mente, nunca pelo corpo. O real prazer de viver é um estado de espírito insubstituível.

3. O prazer é o real motor do cérebro humano.
O prazer de viver, de sentir-se ativo e participante é o melhor caminho de apaziguamento da mente.

4. Atitude positiva é felicidade na certa.
Olhar sempre o lado positivo dos fatos é um hábito milagroso.

5. A felicidade é distribuída irregularmente entre as pessoas. Cada um tem a sua dose. O segredo é aceitar a dose que nos foi concedida.
Existem pessoas que, por destino ou sorte, chame como quiser, recebem uma dose maior de prazer na vida. Não são desafiadas pela falta de dinheiro, por problemas familiares etc. Porém, mesmo assim, às vezes têm grande dificuldade em aceitar sua dose de felicidade e se complicam abraçando tristezas desnecessárias. O segredo está em ficar muito satisfeito com a dose de felicidade que Deus, a sorte ou o destino nos deram. Seja qual for a nossa cota, sempre temos de sair em busca da felicidade para completá-la.

6. Para obter a felicidade, o sorriso é mais importante do que a beleza.
Em um estudo feito em Berkeley (Estados Unidos), já citado anteriormente, foram analisadas por psicólogos as fotos de formandas da turma de 1950. Posteriormente, analisou-se a biografia dessas mesmas formandas pelas cinco décadas seguintes. Surpresa! Os sorrisos espontâneos, cheios de felicidade, coincidiram

com melhor desempenho e maior sucesso profissional, enquanto os sorrisos formais e os rostos sérios apresentaram menor sucesso na vida. E a beleza do rosto não se correlacionou com nada: nem com o sucesso, nem com o insucesso.

7. Todos buscamos gratificação. Os mais felizes buscam gratificações positivas.

De acordo com pesquisas já citadas, as gratificações pessoais buscadas pelo ser humano podem ser positivas (prazer, sexo monogâmico, exercício, viagens) ou negativas (comer demais, beber, sexo poligâmico).

8. Indivíduos alegres irradiam felicidade para os demais.

Quem é aborrecido se torna emburrecido. Ao contrário, quem é alegre e simpático comunica-se bem, irradia uma onda de inteligência e felicidade.

9. Facilidade de comunicação é uma qualidade das pessoas mais felizes e de maior sucesso.

O sucesso frequenta mais a casa dos que se comunicam bem. Graduados das universidades americanas da Costa Oeste dos Estados Unidos que tiveram sucesso em suas profissões foram estudados detalhadamente em suas qualidades e defeitos. A qualidade mais persistente em todos foi a facilidade de comunicação.

10. O riso é ainda a melhor terapia para as doenças da alma.

Indivíduos que sabem rir de suas fragilidades, que enfrentam com bom humor suas dificuldades, têm vida mais longa. E mais feliz. A depressão inibe a imunidade e abre as portas para a doença. Rir é o melhor remédio.

11. O sonho constrói castelos reais.

Sempre nos disseram que os sonhos não constroem, ou, pior, que edificam castelos no ar. Não é verdade. Os sonhadores embalam mais facilmente suas tristezas, tornando-as inconsistentes como a fumaça. Os sonhadores vencem suas dificuldades, produzindo mais sonhos. A conclusão é que só os sonhos constroem castelos reais e duradouros.

Você conhece a brincadeira dos psiquiatras?
Indivíduos normais sonham em construir castelos.
Neuróticos constroem castelos no ar.
Psicóticos moram neles.
Sonhar com castelos é muito bom. Mas nunca se sinta inclinado a morar em um castelo com o qual você sonhou.

12. O exercício é fonte contínua de felicidade.

O que o exercício faz por você:
- ◆ Ajuda a manter o peso ou reduzi-lo
- ◆ Melhora o humor
- ◆ Melhora a postura
- ◆ Alivia o stress
- ◆ Melhora sua capacidade cardiopulmonar
- ◆ Previne infarto, angina, osteoporose, AVC, Alzheimer etc.

◆ Com apenas trinta minutos por dia de caminhada na velocidade de quem está com pressa, sete vezes por semana, se consegue atingir tais metas. O exercício gera endorfinas (substâncias produzidas pelo organismo que geram sensação de prazer e felicidade). O exercício é bom para a alma, para o corpo e para o espírito.

13. A felicidade aumenta a produtividade.

Funcionários felizes são mais criativos, mais bem-humorados, mais concentrados e produzem mais. Por isso, a felicidade faz bem tanto para o patrão quanto para o empregado.

14. το τέλος ευδαιμονίας

"A finalidade [da vida] é a felicidade." (Aristóteles)
Sem comentários. Aristóteles já sabia disso. Durante milhares de anos tentaram nos fazer esquecer essa verdade. O único compromisso do ser humano é a busca da felicidade.

15. Dinheiro não traz felicidade.

A riqueza pessoal não se correlaciona de nenhuma forma com a satisfação e o prazer de viver.

16. Pessoas religiosas ou espiritualizadas vivem mais felizes e por mais tempo.

Nos últimos anos vem se observando que as pessoas que vivem em comunidades religiosas têm vida mais longa e maior satisfação de viver.

Foi feito um estudo em Florença, onde há um mosteiro de monjas reclusas bem no centro histórico da cidade. A longevidade das irmãs que lá vivem é surpreendentemente maior do que a de seus vizinhos do bairro, que respiram o mesmo ar e convivem com os mesmos ruídos. Além deste, existe um grande número de estudos evidenciando esse fato.

17. Uma vida pessoal organizada é fonte de felicidade.

Indivíduos com vida pessoal organizada são mais pacíficos, pois têm menos imprevistos. Agenda organizada, família organizada, finanças organizadas, emprego organizado. E até vida espiritual e lazer organizados. Esse é o segredo de uma vida longa e saudável, pois a organização é o único antídoto contra o stress.

18. Prazer no trabalho é felicidade na certa.

Trabalhar com prazer é gerar felicidade para si e para toda a família. Quem faz o que gosta passará mais tempo gostando do que faz. Ou seja: melhora a produtividade, a eficiência, a qualidade do trabalho. Melhora a satisfação pessoal em executá-lo. Já quem odeia o que faz deve mesmo mudar de emprego. Urgente! Satisfação do dever cumprido é tudo.

19. Não dever dinheiro é felicidade pura.

Quem passa a vida no negativo, devendo para os amigos, para o banco, para o patrão etc., perde o respeito dos outros e, o que é pior, perde o respeito por si próprio.

A dívida feita de forma repetitiva condiciona a um péssimo hábito de desvalorizar o dinheiro, principalmente quando é dos outros.

Viver dentro do próprio orçamento é um dos segredos para se manter feliz.

20. A felicidade é distribuída de maneira desigual durante o dia.

Um estudo feito no Texas confirmou o que já se sabia. A satisfação pessoal oscila durante o dia. Iniciamos felizes o dia até irmos ao trabalho, onde a satisfação varia muito de pessoa a pessoa. Mas ao meio-dia, no intervalo do almoço, a satisfação sobe bastante, pois encontramos amigos e interrompemos o que consideramos trabalho sério.

Durante a tarde voltamos a ter os níveis de satisfação que o ambiente de trabalho nos dá. Mas, ao se aproximar o final do expediente, ficamos progressivamente mais felizes até a hora de voltar para casa.

O segredo está em procurar satisfação e felicidade nas atividades que menos nos dão prazer. Ou substituí-las por outras, se possível. Até a mudança de emprego pode ser necessária na busca da felicidade.

21. A felicidade não vem unicamente de relacionamentos amorosos.

Os relacionamentos amorosos não são os únicos responsáveis pela felicidade. Às vezes, a dois, essa busca se torna mais fácil. Outras vezes, muito mais difícil. Mas a felicidade sempre tem de vir de dentro, de um território inatingível por palavras ou exemplos. Uma vida solitária como a dos monges pode, na penumbra das suas celas, trazer momentos de absoluto regozijo. A felicidade não exige necessariamente amor carnal. O amor espiritual pode prover momentos fantásticos ao ser humano. A felicidade é o estado de espírito sem conflitos, de absoluta paz, o que nem sempre o amor carnal consegue gerar. Pessoas felizes são mais bem-sucedidas no amor, pois atraem parceiros também felizes.

22. A felicidade prolonga a vida.

Em 1932, como já dito antes, cada irmã da Escola Americana de Notre Dame (Estados Unidos) foi solicitada a escrever um ensaio autobiográfico. Os textos produzidos foram guardados por setenta anos e recentemente analisados por psicólogos que quantificaram a tendência a produzir pensamentos positivos em cada um deles de acordo com a longevidade de cada autora. Surpresa! As mais otimistas e mais animadas e esperançosas tiveram vida mais longa. A felicidade prolonga a vida!

23. A felicidade nada tem a ver com conforto.

Um indivíduo vivendo longe da cidade, sem os confortos da vida moderna (carro, TV, cinema), pode ser muito mais feliz do que outros com acesso a todos os avanços da tecnologia. Conforto pode ser qualidade de vida, mas só um estilo de vida saudável propicia um excelente ambiente para a felicidade, mesmo sem conforto.

24. Felicidade é ter muitos amigos confiáveis.

Não há dúvidas de que as relações sociais mantêm a nossa alegria de viver e de ser felizes. Amigos estão cada vez menos disponíveis. São difíceis de achar e de manter. Amigos confiáveis passam segurança.

25. A felicidade é uma forma de saúde. A saúde é um modo de ser feliz.

Saúde e felicidade são geradas no mesmo ninho. São pássaros que devem ser continuamente acarinhados, pois facilmente podem voar e sumir...

26. Para ser feliz, compare-se unicamente com pessoas menos bem-sucedidas.

A síndrome da comparação social nos faz mais infelizes ao observar o sucesso dos outros. A renda pessoal não deve ser comparada com a dos outros, principalmente com os que ganham mais. O segredo está em aceitar nossa própria condição.

27. Para ser feliz, libere o sofrimento de sua vida.

Não dê ao passado a importância que ele não tem. Tudo muda como as nuvens e o vento. Mude você também desembarcando seus sofrimentos.

28. Para ser feliz, controle seus pensamentos.

Os pensamentos que vêm à mente involuntariamente podem ser causa de emoções positivas ao trazer boas lembranças e de negativas ao recordar momentos de sofrimento.

29. Para ser feliz, substitua pensamentos negativos por positivos.

O exercício é fazer que cada pensamento negativo elabore automaticamente uma resposta positiva.

30. Para ser feliz, exercite sua espiritualidade diariamente.

A espiritualidade tranquiliza as pessoas e enaltece os seus melhores valores.

SOBRE O AUTOR

Nascido em 1947 em Farroupilha, Rio Grande do Sul, Dr. Fernando Lucchese preparou-se desde cedo para a carreira diplomática, dedicando-se ao aprendizado de cinco idiomas, estimulado pela forte influência que exerceu sobre ele sua passagem pelo seminário na adolescência.

Sua carreira diplomática foi abandonada instantaneamente quando, no cursinho pré-vestibular para o Instituto Rio Branco (escola de diplomatas), tomou contato com a circulação extracorpórea apresentada durante uma aula de biologia. Lucchese deslumbrou-se com o que lhe pareceu, no início, pura ficção científica e decidiu ser cirurgião cardiovascular.

Entrou para a Faculdade de Medicina da Universidade Federal do Rio Grande do Sul, graduando-se em 1970, com 22 anos de idade.

Depois de graduado fez sua formação de cirurgião cardiovascular no Instituto de Cardiologia do Rio Grande do Sul e na Universidade do Alabama, em Birmingham, Estados Unidos.

De volta ao Brasil, dedicou-se à atividade de cirurgião cardiovascular e chefe da Unidade de Pesquisa do Instituto de Cardiologia. Chegou à direção deste Instituto, quando então promoveu grande transformação duplicando suas instalações e investindo em tecnologia.

Foi também neste período que assumiu a Presidência da Fundação de Amparo à Pesquisa do Estado do Rio Grande do Sul (FAPERGS).

Depois de ser chefe do Serviço de Cardiologia do Hospital Mãe de Deus, transferiu-se para a Santa Casa, onde dirige desde 1988 o Hospital São Francisco de Cardiologia.

Lucchese reuniu, com a equipe do Instituto de Cardiologia e posteriormente com sua própria equipe no Hospital São Francisco, uma experiência de mais de 30 mil cirurgias cardíacas e 100 transplantes do coração.

Lucchese iniciou-se no mundo editorial pela tradução de dois livros de medicina em língua inglesa, passando à publicação de quatro livros de medicina que atingiram tiragem recorde, um deles publicado em inglês.

Movido pelo desejo de contribuir com a prevenção de doenças, publicou pela L&PM Editores os seguintes livros para o público em geral: *Pílulas para viver melhor*, *Pílulas para prolongar a juventude*, *Comer bem, sem culpa* (com Anonymus Gourmet e Iotti), *Desembarcando o diabetes*, *Boa viagem!*, *Desembarcando o sedentarismo* (com Claudio Nogueira de Castro), *Desembarcando a hipertensão*, *Desembarcando o colesterol* (com sua filha, Fernanda Lucchese), *Desembarcando a tristeza*, *Dieta mediterrânea* (com Anonymus Gourmet), *Fatos e mitos sobre sua saúde*, *Mais fatos e mitos sobre sua saúde*, *Fatos e mitos sobre sua alimentação*, *Confissões e conversões* (romance) e *Desembarcando o Alzheimer*. Pela Editora AGE, publicou (com Paulo Ledur) *Comunicação médico-paciente: um acordo de cooperação*.

Os livros do Dr. Lucchese venderam cerca de 2 milhões de cópias.

Lucchese costuma invocar a ajuda de Deus em suas cirurgias, considera-se somente um instrumento na mão d'Ele. Acredita que o cirurgião-cientista frio deve ser substituído pelo médico preocupado não só com a saúde do coração de seus pacientes, mas também com sua vida emocional, afetiva, familiar, profissional e espiritual.

IMPRESSÃO:

GRÁFICA EDITORA
Pallotti
IMAGEM DE QUALIDADE

Santa Maria - RS - Fone/Fax: (55) 3220.4500
www.pallotti.com.br